「移動する子どもたち」の異文化適応と教師の教育戦略

福山文子 著

八千代出版

はじめに

　教師の対応のあり方に関心を持ち始めたのは、四半世紀以上も前のことである。きっかけは、1991年春から私が在籍していたドイツの大学院（シュパイヤー行政大学院：Deutsche Universität für Verwaltungswissenschaften Speyer）での出来事だった。
　この大学院では、留学生がゼミで発表する際は、まず自分で発表原稿を書き、希望すれば留学生担当教員に文法のチェックを求めることができた。そしてその後印刷所にその原稿を持参して参加者分の部数を印刷してもらい、資料として配布するルールだった。私は開発援助にかかわるゼミに在籍していたが、この大学院が官僚養成を主眼に置いていたため、ゼミの担当教員は、ドイツ連邦経済協力開発省元局長（Herr Dr. Rainer Oppelt）が務めていた。ある日、オッペルト先生は私に、日本の援助との比較も含めつつ、ドイツの援助のあり方について発表するように指示した。当時ドイツは援助国に対し、戦車などの武器輸出をしていた実態があったため、その矛盾するともいえるあり方に対して、私は数行にわたり批判的な検討を加える形で発表原稿を整えた。そして、印刷前に留学生担当教員に対し文法チェックを求めると、その教員は、「ドイツの政策についての批判的な部分を削除しなさい。私たちドイツ人は、あなた方日本人について、象牙を買うことと、クジラを食べることしか知らない」と、いったのである。もう25年以上も前の出来事であるにもかかわらず、その時の情景は今でも鮮明に思い出すことができる。教員の名前も、顔も、表情も、そしてその折に感じた驚きと強い屈辱感も、昨日のことのように思い出すことができる。
　その後、1996年よりアメリカの大学院において多文化教育を専攻し、英語が第二言語である子どもたちの教育に関する修論を書いた。卒業し帰国した日本においては、オールドカマーのみならず、ニューカマーの問題も大きくなりつつあった。自分の経験に照らしても、教員の態度や発言は、異なる文化的背景を有する児童・生徒に影響を与えると考えられた。自分のように、

成人してから自らの意志で海外に行き学んでいたとしても、教員から向けられた言葉には強く動揺するのである。まして親の都合で異文化の環境に連れて来られた、まだ幼い児童・生徒が同様の経験をするならば、どれほどのショックを受けるであろう。このような思いから、児童・生徒の異文化適応の問題に向き合ううえで、教師の働きかけは意図的、あるいは戦略的に考えられる必要があるのではないかと考えるようになった。

　私がドイツで過ごした1990年代は、戦後最悪ともいわれるロストックの外国人襲撃事件などが起こったほど、移民をはじめとする外国人排斥の動きが強く、ネオナチも台頭していた。私自身、目を離した隙に自転車の前輪を大きく歪められるなどの経験は少なくなかった。現在のドイツにおける状況は改善されていると思いたいが、2016年の6月、イギリスにおいてEU離脱派が勝利を収めた折のキーワードは移民といわれた。ヨーロッパでは、移民をターゲットにした事件の増加も伝えられている。異なる文化的背景を有する人に向けられるまなざしの問題は、まだ終わってはいないのである。自文化中心主義（エスノセントリズム）は、きっと誰の心にもある。教員も、クラスでともに学ぶ友人も例外ではないだろう。自らの内にある、その存在を否定するのではなく、いかにその感情に自覚的になり、暴れ出さないように監視していくかが大切なのではないだろうか。

　ちなみに、冒頭に触れたゼミの発表は、留学生担当教員の指示に背き、ドイツの政策にかかわる批判的な部分を残したまま行った。私の発表を聞いたオッペルト先生は、「君のいう通りだ。ドイツは、そこは反省しなければならない」と述べた。オッペルト先生は私に、ドイツやドイツ人を一括りにするような、本質主義的な文化の捉え方の危うさを認識させただけでなく、教師の一言がもたらす力の大きさにも気づかせてくれたと思っている。

　さて、本書は、「外国人児童・生徒の異文化適応における教師の役割」を主題とした、博士学位論文をもとにしたものである。本研究では、外国人児童・生徒の異文化適応を、教師の働きかけが促進するのか否かを検討し、もし教師の働きかけが異文化適応を促進し得るのであれば、外国人児童・生徒の異文化適応と教師の働きかけとの関係がどのようになっているのかを明ら

かにすることを中心的課題とした。構成は、序章から終章までの7章構成になっており、各章の概要は以下の通りである。

　序章では、現在日本の公立学校に在籍する7万名以上の外国人児童・生徒が抱える問題が深刻であり、彼らへの対応が日本において重要な政策課題となっていること、そして彼らの異文化適応については、教師の働きかけなどの外的要因関与の可能性が示唆されていることを論じつつ、本研究の背景と目的をはじめ、関連する先行研究の検討、本研究の理論枠組みと構成を示している。第1章では、外国人児童・生徒の状況について、統計資料、外国人児童・生徒自身の語り、および人権の視点から捉えている。外国人児童・生徒自身の語りを扱った研究はこれまで多くはないが、彼ら自身の語りを拾い上げることで、実態により即した状況把握や外国人児童・生徒が異文化適応にかかわり何を求めているのかの把握を試みている。また、人権の視点から捉えることに関しては、国内法および、世界人権宣言、国際人権規約などの一般的国際人権文書から、彼らの法的地位を明らかにするとともに、具体的判例を用いて、彼らがどのような状況に置かれているのかについて論じている。第2章では、序章で検討した先行研究および、第1章で論じた外国人児童・生徒の状況を踏まえ、外国人児童・生徒の異文化適応をめぐる教師の働きかけについて理論的検討を加えるとともに、外国人児童・生徒の異文化適応を促進する教師の働きかけについて仮説の提示を行っている。

　第3章から第5章までは、外国人児童・生徒の異文化適応にかかわる3つの事例研究を提示している。第3章は、タイからの児童（Kさん）を受け入れていたフィールドにおける事例研究である。第4章は、南米からの生徒が学ぶフィールドにおける事例研究である。さらに第5章では、選抜の前提として親の富や願望がある社会である、ペアレントクラシー下での教師の働きかけにかかわる事例研究である。第2章で提示された仮説を、これら3つの事例研究に即して検討しつつ、外国人児童・生徒の異文化適応と教師の働きかけとの間にどのような関係があるのかについて考察している。そして、終章においては、本研究から得られた知見、外国人児童・生徒の異文化適応と教師の働きかけとの関係を明らかにすることの有効性、本研究の意義、およ

び課題について論じている。

　また、用語についてであるが、タイトルに用いた「移動する子どもたち」という用語は、英語では children clossing borders（越境する子どもたち）や、immigrant children（移民の子どもたち）などが近いと考えられ、日本では、川上が分析概念としての有効性を指摘し、使用し始めたものと認識している。川上は、分析概念としての「移動する子ども」とは、「空間的に移動する」「言語間を移動する」、そして「言語教育カテゴリー間を移動する」という、3つの条件を持つ概念であると述べている（川上郁雄「『移動する子どもたち』から見た 日本語の力とは何か」『早稲田日本語教育学』9号、早稲田大学大学院日本語教育研究科、2011、pp. 129-135）。また、齋藤・佐藤は、国籍による捉え方でも、民族的背景や出生地のみによる捉え方でもなく、子どもが2つの（3つ以上の場合も含め）言語文化の間を、日々移動しながら生活しているということに着目し、「文化間移動をする子どもたち」という用語を使用している（齋藤ひろみ・佐藤郡衛編『文化間移動をする子どもたちの学び』ひつじ書房、2009、p. iv）。本書では、このような川上、齋藤・佐藤の指摘を踏まえつつ、「移動する子どもたち」を、出身地、在留の事情、居住地等多様な外国人の子どもたちを中核としつつも、物理的な移動がなくても、また国籍を問うこともなく、言語のみならず、ルーツに起因する価値観までも広く文化とみなし、文化多様性を有する子どもたちも含意する言葉として、タイトルに使用した。本文中では、外国人児童・生徒にかかわり、論を展開しているが、「外国人」でなくても、類似の課題を抱えている子どもたちも存在するであろうし、「外国人」といっても、祖父母の代から日本に居住し、日本に生まれ育った者から、一定期間滞在し帰国を想定している者までその実態は多様であろう。そのような考えから、文化多様性を有する子どもたちを広く包含する言葉として、「移動する子どもたち」という用語を使用したいと考えたのである。

　本書の中で筆者は、教室内に存在する「移動する子どもたち」に寄り添い、励ます先生方の実践に学び、そのような実践から読み取れる要素を、理論の中に位置づけようと試みたつもりである。その過程は、全ての教師が、T教諭（第3章）、K教諭（第4章）、Y教諭、K教諭、そして日系人教師A、B（第

5章）が子どもの頃に出会った教師のような潜在力を有していると期待し、確認する過程でもあった。さらに本書の中では、教師が「移動する子どもたち」の異文化適応の問題に意図的、あるいは戦略的に向き合うことで、「移動する子どもたち」のみならず、教室内の全ての子どもたちの変容へと繋がる可能性が示されている。本書を「移動する子どもたち」の異文化適応の問題に関心のある方々に手にとって頂き、僅かでもこの課題の改善に役に立つならば、これ以上の喜びはないと思っている。

2016年11月30日

福山　文子

目次

はじめに　i

序章　本研究の目的と方法 ―――――――――――――― 1
第1節　本研究の背景と目的　1
第2節　先行研究の検討　6
1. 異文化適応にかかわる研究　6
2. 外国人児童・生徒教育にかかわる研究　9
3. 外国人児童・生徒教育にかかわる教師教育に関する研究　21
第3節　本研究の理論枠組み　28
第4節　研究方法と本研究の構成　32
1. 研究方法　32
2. 本研究の構成図　35

第1章　外国人児童・生徒の状況 ―――――――――――― 43
第1節　統計資料に基づく外国人児童・生徒の状況　43
1. 日本における外国人　43
2. 日本における外国人児童・生徒　44
第2節　外国人児童・生徒の教育環境と意識　45
1. 外国人児童・生徒の「被差別体験」　48
2. 外国人児童・生徒にとって「支えとなったこと」　52
3. 外国人児童・生徒の置かれた状況　59
4. 日本人児童・生徒が外国人児童・生徒の必要性に応える意味　63
第3節　外国人児童・生徒の人権の視点から　65
1. 外国人児童・生徒の人権に関連する国内法と国際人権文書　65
2. マイノリティの教育権にかかわる判例　68

第2章　異文化適応における教師の働きかけをめぐる
　　　　理論的検討と仮説の提示 ――――――――――― 77
第1節　平等重視にかかわる検討　78
第2節　外国人児童・生徒の文化を尊重することの妥当性の検討　80
第3節　外国人児童・生徒の課題　82
1. 語りから読み取れる課題　82
2. 人権の視点から読み取れる課題　85
第4節　外国人児童・生徒の課題にかかわる概念や理論　86
1. 自文化中心主義　87
2. 多文化教師教育　93

3. 移民学習　**97**
　　4. 文化を含めた人権への関心　**99**
　第5節　仮　　　説　**100**
　　1. 日本人児童・生徒の自文化中心主義の是正　**100**
　　2. 外国人児童・生徒への適切な関心　**101**
　　3. ルーツについての学びの実施　**102**
　　4. 文化を含めた人権への関心　**103**

第3章　事例研究1―教室内の多文化化と国際理解教育 ────── 109
　第1節　本章の目的　**109**
　第2節　研究方法　**111**
　第3節　外国人児童・生徒をめぐる教師の働きかけ―T小学校の事例　**114**
　　1. Kさんの様子　**114**
　　2. 担任であるT教諭の対応　**115**
　　3. 日本人児童の意識　**117**
　第4節　教師の働きかけに関する理論的検討　**118**
　　1. 同化圧力を伴わない「外国人児童・生徒への働きかけ」の支援　**118**
　　2. 「多文化理解に対する肯定的な構え（姿勢）」を伴う対応　**120**
　　3. 「言語的不利益を軽減する教授法」の実施　**121**
　第5節　教師の働きかけにより期待される児童・生徒の変容　**122**
　　1. 教師の働きかけにより期待される外国人児童・生徒の変容　**122**
　　2. 教師の働きかけにより期待される日本人児童・生徒の変容　**124**
　第6節　国際理解教育の目指すものと日本人児童・生徒の変容　**125**
　　1. 国際理解教育の目指すもの　**125**
　　2. 期待される日本人児童・生徒の変容との類似点　**126**
　第7節　小　　　括　**127**

第4章　事例研究2―移民学習と外国人児童・生徒 ────── 135
　第1節　本章の目的　**135**
　第2節　研究方法　**136**
　第3節　外国人児童・生徒の異文化適応と移民学習　**137**
　第4節　外国人児童・生徒への対応と移民学習　**138**
　第5節　鶴見をめぐる移民の歴史　**139**
　　1. 海外移住の歴史―鶴見に関連づけて　**139**
　　2. 鶴見と沖縄、そして中南米との関係について　**140**
　第6節　移民学習の実践とその成果　**141**
　　1. U中学校と人権教育　**141**
　　2. 「ヨコハマ遠足」の概要　**142**

3. 移民学習による意識の変化　**145**
　　第7節　小　　　括　**148**

第5章　事例研究3──ペアレントクラシー下での教師の働きかけ　**155**
　　第1節　本章の目的　**155**
　　第2節　研究方法　**156**
　　第3節　メリトクラシーからペアレントクラシーへ　**158**
　　　1. 日本におけるペアレントクラシーへの転換　**158**
　　　2. 日本人児童・生徒とペアレントクラシー　**159**
　　第4節　外国人児童・生徒の保護者が置かれた状況　**160**
　　第5節　ペアレントクラシーと外国人児童・生徒　**161**
　　　1. 指導や教材のあり方　**162**
　　　2. 保護者の意識や現状　**163**
　　　3. 塾など学校外の学びの機会　**164**
　　　4. 居　場　所　**165**
　　　5. 頑張る気持ちを支えたもの　**165**
　　第6節　外国人児童・生徒の現状改善に向けての課題　**167**
　　　1. 学習の環境を整えるもの　**167**
　　　2. 学びへの意欲を支えるもの　**168**
　　第7節　小　　　括　**169**
　　　1. 指導や教材のあり方　**171**
　　　2. 居　場　所　**171**
　　　3. 頑張る気持ちを支えたもの　**172**

終　章　本研究の意義と今後の課題　**177**
　　第1節　本研究から得られた知見　**177**
　　第2節　異文化適応と教師の働きかけとの関係を明らかにすることの有効性　**184**
　　第3節　本研究の意義　**187**
　　　1. 外国人児童・生徒の異文化適応における教師の働きかけにかかわる理論的基盤　**187**
　　　2. 外国人児童・生徒の異文化適応を促進する教師の働きかけと児童・生徒との関係　**188**
　　第4節　今後の課題　**190**

　　あとがき　**192**
　　AACTEによる多文化教師教育のための指針　**194**
　　索　　　引　**196**

序　章

本研究の目的と方法

第 1 節　本研究の背景と目的

　2014 年 5 月現在、日本の公立学校に在籍する外国人児童・生徒数は、7 万 3289 名であり、そのうち日本語教育が必要な外国人児童・生徒数は、2 万 9198 名と報告されている。このことから、日本語は話せるものの、異なる文化的背景を有する外国人児童・生徒も相当数在籍していることがわかる[1]。外国人児童・生徒とは、かねてより日本で生活している在日韓国・朝鮮人児童・生徒など、いわゆるオールドカマーと呼ばれる子どもたちおよび、ニューカマーと呼ばれる、1990 年の改正入管法の施行以来増加した日系人の子弟や、最近増加傾向にある中国語やフィリピノ語を母語とする子どもたち[2]など多様な児童・生徒が含まれる。彼らが抱える問題は深刻であり、不就学も少なくない[3]。外国人児童・生徒への対応は日本において重要な政策課題となっている。

　外国人児童・生徒の抱える課題は多様であるが、本研究では、外国人児童・生徒を在日韓国・朝鮮人児童・生徒など、いわゆるオールドカマーと呼ばれる子どもたちおよび、ニューカマーと呼ばれる日系人の子弟や、最近増加傾向にある中国語やフィリピノ語を母語とする子どもたちなどを含めた子どもたちと規定したうえで、外国人児童・生徒が、「日本の学校」における適応について「葛藤」や「危機」の段階にあるとの報告に注目する。佐藤は、日本における外国人児童・生徒の異文化適応は、ベリー（Berry, J. W.）らが 4 タイプに類型化したうちの一つであり、異文化接触の過程においては、「葛藤」や「危機」の段階にある、「境界化（marginalization）」という状況にあることが多いと述べている[4]。

ベリーらは、文化変容を異文化接触の過程で生じるものとして捉え、時間が経過するに従い「接触以前：pre-contact」「接触：contact」「葛藤：conflict」「危機：crisis」「適応：adaptations」という段階をたどることを示した。そして最終段階である「適応」を、文化変容の結果として捉え、「文化的アイデンティティ[5]と特質を保持することに価値があるとみなすか」「自分とは異なる文化集団との関係性を保持することに価値があるとみなすか」という2つの核となる問いに対する指向性によって、4類型に分類している[6]。

　その4類型とは、文化的アイデンティティと特質が保持され、同時に自分とは異なる文化集団との関係性も保持されている状態である「統合：integration」をはじめ、「離脱：separation」「同化：assimilation」「境界化：marginalization」であるが、本研究で扱う日本の課題に合わせて整理し直すと以下の通りとなる。「統合」とは「外国人児童・生徒が、学校教育や日常生活において、自国の文化的アイデンティティと特質が保持されると同時に、日本の文化集団（生徒たち、地域の人びと）との関係性も保持されている状態」、「離脱」とは「外国人児童・生徒が、学校教育や日常生活において、自国の文化的アイデンティティと特質は保持されているが、日本の文化集団（生徒たち、地域の人びと）との関係性は保持されていない状態」、「同化」とは「外国人児童・生徒が、学校教育や日常生活において、自国の文化的アイデンティティと特質は保持されていないが、日本の文化集団（生徒たち、地域の人びと）との関係性は保持されている状態」、「境界化」とは「外国人児童・生徒が、学校教育や日常生活において、自国の文化的アイデンティティと特質も、日本の文化集団（生徒たち、地域の人びと）との関係性も保持されていない状態」である。

　佐藤の指摘から10年以上の歳月が流れているが、現在でも外国人児童・生徒の異文化適応にかかわる問題が大きく改善されているとはいえない。例えば、竹ノ下は、「ガイジンきたない、近寄るな」と友人たちから机を一斉に引き離された外国人児童・生徒の体験などを引用しながら、「日本の学校文化は、異なる文化、言語、肌の色、生活習慣を有する子どもたちを学校から排除する要素をもっている」と、述べている[7]。さらに、「不適応」から

「自死」を選ぶ子ども、精神疾患に陥る子ども、「非行」「犯罪」[8]に追い込まれる子どもの存在も指摘されている[9]。子どもたちにとって、一日の大半を過ごす学校は、他に比べようがないほど強い影響力を持つ空間であり、そこにおける不適応は文字通り致命的にさえなるのである。

では、これまで外国人児童・生徒に対して、どのような教育施策が行われてきたのであろうか。文部科学省は、1976年の「中国引揚子女教育研究協力校」の指定以来、外国人児童・生徒教育について40近い施策を行ってきているが、それらの教育施策に関して次の5つの特徴があるといわれている[10]。

- 教育現場からの要望によって対症療法的な施策が展開されてきた。特に、日本語指導の困難さが浮き彫りになり、日本語に特化した教材整備への支援が展開されてきた。
- 外国人の子どもの教育の施策は、独自にそのシステムを構想するのではなく、既存の施策、つまり、海外勤務者の子どもの教育の施策などを踏襲してきた。したがって、「国民教育」の一環として位置づけられ、「母語教育」や文化を尊重するといったいわば「民族教育」は後退してしまった。
- 1980年代まで中心として考えられていた、在日韓国・朝鮮人の子どもの教育にかかわる、民族教育や母語教育などの問題が解決しないまま、1990年代に急増した新規来住の子どもの日本語教育や学校への適応が国の施策の中心になるという二重構造化が指摘できる。
- 外国人の子どもの教育に関しては、自治体間の格差が存在する。
- これまでの施策は、国際法と整合していない部分がある。例えば、母語および文化の教育の保障について規定している「すべての移住労働者とその家族の権利保護に関する条約」を、日本は批准していない。

また、太田は、1965年文部事務次官通達の流れを汲む外国人児童・生徒教育を規定する2つの原則[11]、つまり、当該児童・生徒の保護者が希望する

ことによって就学が許可される「不就学を可能とする原則」と、日本人と同様に取り扱い特別扱いをしない「形式的平等ともいえる原則」の影響を指摘する。

　以上で概観したように、これまで日本の学校において外国人児童・生徒は、自治体間の格差の中、教育現場からの要望により日本語指導はなされてきたものの、日本人と同様に取り扱い特別扱いをしないという原則のもと、あるいは、「国民教育」の一環として位置づけられたという現実の中で、彼らの文化の尊重が重視されてこなかったといえる。この事実は、現在文部科学省が公開している「外国人児童生徒教育の充実方策について」という報告書の「現状」の部分で記述されている、「公立学校に在籍するこれらの外国人児童生徒に対しては、通常の教育課程により日本人の児童生徒と同様の教育が行われており、学習指導要領解説において、学校生活への適応を図るとともに、外国における生活経験を生かすなど適切な指導を行うこととされている」という文言からも読み取ることができる。つまり、外国人児童・生徒をありのままに受け入れるのではなく、彼らを適応指導の対象と捉えているのである[12]。このような教育政策も、外国人児童・生徒の異文化適応に影響を与えると考えられる。

　一方、渡日の子どもたちの作文を読んでいくと[13]、厳しい差別を体験しながらも、彼らに寄り添い支援する教師や、沈んだ心を和ませ勇気づける友人たちの関与により、困難を乗り越えていく様子について書かれているものが少なくない。外国人児童・生徒の置かれた状況は、教師（特に担任）の対応に強く左右され、教室内でともに学ぶ日本人児童・生徒の発言と行動に規定されることが読み取れる。転校を機に、大きく一歩を踏み出せる児童・生徒が存在する一方、否定され自信を失う児童・生徒の経験は、外国人児童・生徒の異文化適応における教師の働きかけなどの外的要因関与の可能性を示唆している[14]。

　外国人児童・生徒の異文化適応に影響を与えるものとして、教師の役割以外にも、例えば保護者の役割や行政の役割は大きく、それらの重要性は強く認識されるべきものであろう。さらにいえば、教師の役割を含めそれぞれの

役割が効果的に機能しなければ、外国人児童・生徒の異文化適応にかかわる問題の解決を図るのは難しいといえる。しかしながら、とりわけ教師は、外国人児童・生徒のみならず、彼らを含めた全ての児童・生徒に対し直接働きかけることが可能な立場にある。だからこそ「異文化間教育と多文化教育の多様な課題分野のどこをとってみても、その実践における教師や学習指導者の存在と責任の重要性については、これを否定する人はいないであろう」[15]と指摘されるのではないだろうか。また、「教師とは子どもたちにとって最も重要な他者」ともいわれている[16]。教師は特に文化にかかわる教育において、他の役割に比べて相対的により強い影響力を有する存在と考えられる。

　そこで本研究では、外国人児童・生徒の異文化適応における状況を踏まえ、彼らの抱える課題解決への糸口を探るために、外国人児童・生徒の異文化適応における教師の役割について論考していきたい。異文化接触の過程において、「葛藤」や「危機」の段階にある「境界化」という状況にあっては、外国人児童・生徒は自国の文化的アイデンティティと特質を保持することに価値があるとはみなさない。本章第2節において後述するように、異文化適応は単なる環境への順応と異なり、相互作用を前提としたダイナミックなプロセスである。したがって、文化的アイデンティティについても、他者からの外国人児童・生徒の文化の尊重の度合いが、影響を与える可能性がある。これまでの教育施策の中で、外国人児童・生徒の文化の尊重については明確な記述は見られないが、文化は、思考や行動を規定する個々人の基盤であり、人権の重要な要素である。そしてこれまで教育現場からの要望に応えて対症療法的に展開されてきた教育施策は、当事者である外国人児童・生徒の視点が十分に生かされてきたとはいえない。外国人児童・生徒が必要とするものは何であるのかという原点に立ち返ることで、人権の重要な要素である彼らの文化に関して、どのように扱っていくべきなのか示唆を得ることが期待される。

　日本の学校において、外国人児童・生徒を日本人と同様に取り扱い特別扱いをしないことは、一見平等な扱いに見える。しかし、外国人児童・生徒が何を求めているのかを探る努力を怠れば、外国人児童・生徒の適応状況は改

善しない。一方で、教師の働きかけなどの外的要因が、外国人児童・生徒の異文化適応改善に寄与する可能性も考えられる。

したがって本研究では、外国人児童・生徒の異文化適応を、教師の働きかけが促進するのか否かを検討し、もし異文化適応を促進し得るのであれば、外国人児童・生徒の異文化適応と教師の働きかけとの関係がどのようになっているのかを明らかにしたい。以上が、本研究で解こうとしている中心的課題である。

第2節　先行研究の検討

外国人児童・生徒の異文化適応における教師の役割に関する問題を扱うに当たり、本節ではまず、これまで異文化適応にかかわる研究、外国人児童・生徒教育にかかわる研究、および外国人児童・生徒にかかわる教師教育に関する研究について概観し、検討を加える。

1．異文化適応にかかわる研究

異文化適応、あるいは異文化不適応について考えるに当たり、まず、適応とは何かについて整理したい。次に、異文化適応に関する研究を概観し、最後に異文化適応とはどのような状態であると捉えるべきなのか、本論なりの考察を加える。

(1) 適応の心理的側面に着眼した研究

北村は、適応という概念について、もともと生物学で発達したもので、一般に環境の条件に適合するように生体の側に変化が生じることだが、その後教育心理学や社会心理学などの中心的な説明原理の一つとして考えられる傾向があると述べている。さらに北村は、適応という概念について、適応とは、主体としての個人が、その欲求を満足させながら環境の諸条件のあるものに、調和的に反応するように、多少とも自分を変容させる過程であると述べつつも、適応とは簡単には規定し得ず、多くの文献を見てもほとんど統一的な定

義を見いだすことができないと、その概念の捉え方の難しさについて言及している[17]。

また渡辺は、文化接触における心理学的な問題が、文化的適応という概念で捉えられてきたとし、オバーグ（Oberg, K.）が提起した概念といわれるカルチャーショック、短期的適応と長期的適応、文化的適応曲線、および文化的調節に分類しながら、説明を加えている。そして、カルチャーショックを人間の成長にとって肯定的なものと見ようとする立場があることや、短期的適応と長期的適応を区別して対応を考える必要があることなどを指摘している。併せて、文化的適応曲線について、リスガード（Lysgaard, S.）が論じた「初期の適応」「危機」「適応の再獲得」というU字モデルをはじめ、W字モデルなどが提起されているものの、これらのカーブの存在については十分に確認されていないと述べている。また、「適応」という考え方について、当事者と社会的環境との相互作用としての見方が薄く、相手の文化を受け入れればいいというような文化的ショーヴィニズム[18]が感じられるとの批判も存在すると述べている[19]。

これらのことから、適応という概念が広義なものであると同時に、文化接触における心理的な問題が文化的適応という概念で捉えられてきたこと、さらに文化的適応について考える際には、適応の主体だけの問題として捉えずに環境との相互作用として考えることが重要であることがわかる。

（2）異文化適応にかかわる研究

江淵は、留学生の異文化適応と教育の問題を、留学生の側からだけでなく、日本人と大学、あるいはそれを取り巻く地域との相互作用を前提とした、ダイナミックなプロセスとして考えている。そして、異なる文化に適応することを、その異なる文化に入っていく個人がホスト文化での「適切な」行動パターンを覚えて、「うまくやれる」ようになることと捉えると、個人的で一方的な学習プロセスであるように見えるが、実際に「うまくやれる」ためには、その個人の資質や能力等の個人レベルの要因だけでなく、その個人が新しい社会の中で、どのような同文化集団あるいは、支援集団を持っているか、

そして受け入れる社会がこの個人の文化にどのような認識や評価を持っているかということが大きく影響してくると述べている[20]。

また、加賀美は、ブリズリン（Brislin, R. W.）の異文化適応概念の中心にある３条件や、上原の異文化適応についての規定を示しつつ、文化的適応に関する研究を整理している[21]。そして異文化適応の概念が、社会心理学、臨床心理学、精神医学などの学問領域や研究者により異なると指摘するとともに、その要因として、適応の状態の捉え方や適応を測定する尺度の多様性を挙げている。さらに、リスガードのＵカーブ仮説などの、時間的段階的変化に関する異文化適応研究については、批判的研究のレビューを行うとともに、上原の「異文化適応が時間的経過をたどって達成されるという重要な示唆を与えるものである」との評価的研究にも着目している。

そして斉藤は、帰国子女の適応についての研究の中で、適応概念の多義性と明確な規定の欠如について述べるとともに、適応に類似した概念として、順応、調節、同調などを挙げている。そして、適応のよさとは、個人と環境の間に調和や均衡が保たれている状態と考えられ、この適応の失敗が、適応異常とか不適応と呼ばれるもので、調和的関係が保たれていないために、その個人あるいは周りの人びとが緊張や不快、苦痛などを経験しなければいけない状態であると述べている[22]。また斉藤は、異文化間移動あるいは異文化接触と結びついて問題とされる現象に異文化適応があると述べている。さらに、この適応の概念は、基本的には個体と環境の関係を表現するものであるが、実際に適用される際には均衡を作り出すことの失敗としての不適応を潜在的に意味していて、適応—不適応の次元を指して用いられることが多く、異文化適応という場合、新しい文化環境の中で適合関係が作り出される過程だけでなく、この過程に伴っているストレス、困難、苦痛などから発生する個人の異常や病理といったネガティブな状態を暗黙のうちに指すことがあると論じている。さらに、適応という概念はしばしば不適応と結びついた価値的な意味を持つことと並んで、環境を固定して個人の側の一方向的な変化のみが注目される傾向を持っていると述べている[23]。

小林は、異なった文化の間で育った子どもに特有の適応の問題について論

じる中で、適応とは、子どもが主体的に新しい環境の中で生活していくことであり、一般的にいって、子どもが現状の中で幸福に生活しているということを、一応「適応」と見ると同時に、子どもが自信を持っている、あるいは満足しているということを目安にすると述べ、きわめて個別的なものと論じている。そして、不適応については、まずこれを悪いものと考えるのは辞めるべきであり、多少子どもがふらつき、がたがたすることの方が、教育的にはむしろ優れたことであるのではないかとの見方を提示している[24]。

一方秋山は、異文化における適応について精神医学の立場から論じている。秋山は、ブリズリンらの適応プログラムを援用しながら、いろいろな文化圏で起こり得る不適応の共通要因について3つのカテゴリーに分けて説明している。一つ目は、不安や帰属意識、あるいは偏見や自文化中心主義などを含む感情領域である。二つ目は、語学や価値観などを含む知識領域、さらに三つ目はカテゴリー化や理由づけを行う際に誤解のもとになり得る、文化的差異の基本要因である[25]。

以上のことから、異文化適応についても広義の概念であると同時に、単なる環境への順応とは異なり相互作用を前提としたダイナミックなプロセスであることがわかる。

本研究では、上記のように適応という概念が多様な意味を含み込むものであることを踏まえ、外国人児童・生徒の異文化適応を「外国人児童・生徒が自らの文化と異なる文化に接した時に、自らの欲求を満足させながら、その異なる文化と調和する状態や過程」と定義する。

2．外国人児童・生徒教育にかかわる研究

本項では、2005年に異文化間教育学会より発行された『異文化間教育』21号の文献目録21に挙げられている、「在日外国人教育の現在」にかかわる論文121編、単行本35冊、さらに資料集9編といった文献を中心に、学術文献のデータベースなども参考にしながら、外国人児童・生徒教育にかかわる研究の中で、特に本論文に関係すると思われる文献について整理を行う。

具体的には、異文化適応など文化に着眼点を置いた研究、多文化教育にかかわる研究、および文化という言葉を使用してはいないものの、異質性の排除といった多数派の自文化中心の意識と関連づけられる研究を中心にレビューを行うこととする。

（1）異文化適応など文化に着眼点を置いた研究

外国人児童・生徒教育に関しては、さまざまな角度から議論が展開されているが、ここでは本研究の中心的課題にかかわる、異文化適応など文化に着眼点を置いた研究を取り上げる。

まず、外国人児童・生徒の異文化適応について論じたものに、佐藤の論文が挙げられる[26]。佐藤は、外国人児童・生徒の文化変容を、ベリーらの理論的枠組みを参考にしながら論考している。佐藤は、外国人児童・生徒は、全面的な異文化接触により「文化変容」を余儀なくされ、多様な異文化適応の形態を示し、「統合」という状態になる児童・生徒もいるが、それは社会的、経済的に恵まれた一部に限られており、社会階層的要因が大きく介在していると論じる。そして大半の外国人児童・生徒の異文化適応は、「接触」「葛藤」「危機」「適応」と直線的に進むのではなく、「葛藤」や「危機」の段階の「境界化」という状況にあることが多いと述べている。そして、「外国人児童・生徒の自国の文化的アイデンティティや文化的特性を保持すること」が困難であり、かつ「異文化の集団との関係を保持すること」もできない児童・生徒が多いと指摘している。

また、「文化的アイデンティティやその保持は、学校、学級内の対人関係の意図的、無意図的な『同化圧力』により困難になっている場合が多く」「カンボジアの子どもに対して『黒パン』『黒パンチ』『こいサンマン』など、名前や顔の色、髪質などに由来するあだ名によるからかいが多い」など、学級内での異質排除について報告している。そして、「母国の文化を周囲から否定的にみられるために、自文化を自由に表現できないままに、自分で抑圧し潜在化させ、しかもそれをネガティブなものとしてとらえやすい」「『外国

人』という『異文化性』を日本的な基準にもとづきマイナスに評価しているのである。こうした文化を固定し、それを前提にすべての関係を構築しようとする視点が、外国人児童・生徒の文化的アイデンティティを否定することになり、日本の集団との関係をつくる際の阻害要因になっているのである」と述べている。

　宮島・太田[27]は、外国人児童・生徒が文化を奪われる要因として、外国人児童・生徒に義務教育が提供されないことと、「日本語指導」に特化した政策について指摘している。そして、国際教室担当教員の配置の上限が2名であること、日本語習得のための余裕を与えるプレスクールの実践例がきわめて少ないこと、国際教室が母語・母文化の指導の場であり得ないことを根拠に、外国人の子どもの不就学、不登校、中途離学を生み出す要因が構造的なものである可能性について論じている。併せて、マイノリティの子どもの学校的成功に及ぼす家族環境的要因についても触れると同時に、「学校に通うべきだ」という考え方への問い直し、学校と地域学習室との連携の重要性についても言及している。

　さらに太田は、ニューカマーの子どもたちの学習を困難にしている要因として、日本の学校教育におけるモノカルチュラルな特質である、「日本的モノカルチュラリズム」に着目し、同時に彼らの潜在的な力に気づき顕在化させる、いわゆるエンパワメントに向けての学校教育のあり方について提言を行っている。具体的には、日本語が唯一の学習言語として用いられていること、外国人児童・生徒と、日本人児童・生徒を同様に扱い、差異を認めない形式的平等ともいえる教育を行っていること、さらに「日本人の育成」を目指す公教育のあり方に疑問を投げかけ、彼らの学習困難が、現行の教育システムにおいて構造的にもたらされていると論じている[28]。

　また児島[29]は、ニューカマー児童・生徒の受け入れに伴って、学校の中に出現する異質の文化に教師たちがどのように対処し、その際に日本の子どもたちの反応がどのように影響するのか、それが既存の学校文化の存続とどのように結びつくのかという問いを立て、差異をめぐる教師のストラテジーについて分析している。具体的には、①文化的背景から派生する差異を発言や

学習進度といった「学習指導上の差異」へと置き換え対処すること、②「文化の違い」を強調して「日本人」として「ソト」に位置づけられたニューカマーの生徒に向き合うという2つのストラテジーに整理し、教師はこの2つのストラテジーの巧妙な使い分けによって「日本人」を前提として構成される学校文化の維持と存続を可能としていると述べている。

　さらに恒吉[30]は、教室文化という言葉を用い、その仕組みと意味を改めて意識することにより、改善に向けての視点を探ろうとした。恒吉は、アメリカに比べて日本の教室は社会の矛盾が見えにくいと指摘し、併せて日本の学校のあり方は異質性が目立つ体質があると述べている。そして、学校や学級で同じことを一緒に行う一斉体制の中で、外国人の子ども（や保護者）が逸脱した行為をとった時、教師の行動は2つに大別できるとする。既存の日本的習慣の順守を求めること、もう一つは「別」扱いすることである。恒吉は一斉授業の意味に疑問を抱きつつ、社会化経験の違いから、一斉努力主義[31]も内面化していない子どもにとって、日本式の授業がどのような意味を持つのかなど、さまざまな疑問を投げかけている。そして、異質なもの（例えば「障がい者と健常者」「外国人と日本人」）を分離・排除する傾向が問われなければならないと指摘している。

　以上、異文化適応など文化に着眼点を置いた研究では、日本の学校において、外国人児童・生徒が異文化適応に困難を抱えている現実について論じたもの、外国人児童・生徒が文化を奪われる要因として、外国人児童・生徒に義務教育が提供されないことや「日本語指導」に特化した施策を指摘しているもの、あるいは、「日本的モノカルチュラリズム」「学校文化」「教室文化」といった用語を用いながら、日本の教育現場に広がる文化の捉え方の特殊性や問題性に注目しているものなど、さまざまな角度から議論が展開されてきたことが理解できる。併せて、上に示した研究の検討を通し、今なお外国人児童・生徒の異文化適応については、課題が残されている事実が浮かび上がってきたといえる。外国人児童・生徒の文化や異文化適応にかかわる問題については、これまでも注目されてはきたものの、いまだ解決には至っていな

(2) 多文化教育にかかわる研究

　外国人児童・生徒の異文化適応は、外国人児童・生徒の自国の文化的アイデンティティと特質が保持されておらず、かつ異文化の集団との関係も保持されていないという、「境界化」の特徴から考えても、外国人児童・生徒のアイデンティティを承認する重要な他者や、彼らとの公正な関係を保持する意志を有する異文化の集団との関係の中で変化することが予測される。つまり、「境界化」に陥るか否かを握る鍵は、他者にあるといっても過言ではない。その意味で、多数派の意識変容に関心の焦点を当てる多文化教育には妥当性があるといえるであろう。したがって、ここでは、外国人児童・生徒と多文化教育とを関連づけて論じている、あるいは多文化教育の必要性について言及している研究を取り上げることとする。

　小林[32]は、日本に定住する外国人の子どもたちの教育について、その実情と問題、特にその基本にあるエスニシティの問題について考察している。出身地や在留の事情、居住地等多様な外国人の子弟は、外国人学校、民族学校、国際学校、日本の学校等、さまざまな教育形態の中で学んでいる。また、それぞれの学校の中で受ける教育の内容も多様であるが、共通する課題として、国・民族・文化にまたがる子どもたちの教育には、これらの子どもたちの複（多）文化性を日本の社会や学校がどのように評価するかが大きくかかわっていると論じている。さらに、エスニシティの問題を、在日韓国・朝鮮人を例に考えてみると、現在彼らは、日本人に文化的に同化することによって、社会的には平等な地位を獲得しようとするか、それとも、外国人としての社会的不利は覚悟のうえで、エスニシティの維持・進展を図るのかどちらかしかないようであるが、エスニシティの維持・進展を図りつつ、社会的平等を獲得する第三の道はないかと問いかけている。そして、それは同時に彼らに対する日本人の課題であると述べている。異なる文化を持つ多民族の人びとと共存することが、日本の文化をより豊かなものにすることを指摘しつつ、

併せて日本の「国民教育」が従来の民族イコール国民、他民族イコール外国人という狭い視野から脱皮して、多くの民族文化を包み込んだ「多文化教育」に大きく変わらなければならないと結んでいる。

また、森茂[33] は、これまで学校教育において、国内に共生する外国人の歴史的経験やその文化についての理解および彼らとの共生に向けての教育的努力が、十分なされてきたとはいえず、このような状況の中で、今日、多文化共生社会の実現に果たす教育の役割が期待されていると述べている。さらに森茂[34] は、外国人児童および外国に繋がる児童が共生する学校が、全国で着実に増加していることを受け、日本の学校が「異文化・異言語に開かれた学校」（中教審答申、1996 年）になることが益々求められていると論じている。そして文化や言語を異にする児童・生徒が相互に相手の文化を認め合い、積極的な相互関係を築き上げていけるような「多文化教育学校」が目指されると指摘している。また、多文化教育学校の根底にある思想として「文化的多様性の尊重」を挙げ、文化的多様性は人間のアイデンティティ形成の重要な要素であると述べている。

松尾[35] は、日本における外国人子女が増加傾向にあることを踏まえ、多文化教育（multicultural education）の理論や実践に学ぶべき状況が生まれてきたと論じている。アメリカにおける多文化教育政策に関する研究に目を向けてみると、多文化教育に関する州法、州教育委員会の決議や政策声明、州教育局の規則やガイドラインの成立を明らかにしたものなどさまざまなものがあるが、松尾は、これらの研究からわかることは、州における多文化教育の制度化は、1970 年代後半から現在（松尾の論文執筆年は 1993 年）までの間に量的にも質的にも大きく進展している一方、その政策は州により大きく異なり、積極的な州から教育政策の中で優先順位の低い州まで多様性があることだと述べている。さらに松尾[36] は、外国人児童・生徒教育の実態と課題を、「日本語の教育」「各教科の教育」「第一言語（母語）の教育」および「学校全体の取り組み」に分けて論じ、外国人児童・生徒から全ての子どもたちを対象とする多文化教育へのパラダイム転換が迫られていると指摘している。

加えて、太田[37] は、4 年半にわたり、ニューカマーの児童・生徒が比較的

多く在籍する小・中学校において調査を実施し、それらの調査を踏まえ、①「外国人」の教育を受ける権利・義務の不在、②適応教育の強調、③「日本人のための学校」への一方的適応などの、日本的対応の特徴を導き出し、日本的対応の再考に向け、多文化教育への接近が重要であると論じている。太田は、外国人児童・生徒の語りにも耳を傾けつつ[38]、多文化教育の可能性として、①「国民」の権利としての教育から「社会構成員」の権利としての教育へ、②「国語」としての日本語から「母語」としての日本語へ、③「多様な諸文化の価値の重要性を認める」学校へと変革する多文化教育の課題と合致した、適応教育の補完的機能から脱却した国際理解教育へ、という3点が挙げられると述べている。

さらに太田[39]は、日本の公教育における多文化教育の展望ないし、その可能性について論じている。具体的には、就学上の諸問題を引き起こす要因の一つと考えられる、かつて在日韓国・朝鮮人の子どもたちを想定して形成されてきた法制度である、①就学の機会は「権利義務」としてではなく、「許可」もしくは「恩恵」として提供される、②就学後は日本人と同様に扱われるという2つの原則を示したうえで、現在行われている日本語教育と適応教育について問題点を指摘している。日本語教育に関しては、母語喪失という大きな代償があるにもかかわらず、多くの子どもたちは授業についていくために必要な日本語能力である学習思考言語を習得するに至っていないという現実、つまり母語と日本語の両言語において思考や表現の道具として活用できない子どもたちの創出について論じている。

以上のことからわかるように、これまで多くの研究者が日本における外国人児童・生徒教育の多様な問題点を指摘しつつ、それを打開する手立てとして多文化教育に期待を寄せてきた。特に小林が1995年の時点で、外国人児童・生徒に共通する課題として、国・民族・文化にまたがる子どもたちの教育には、これらの子どもたちの複（多）文化性を日本の社会や学校がどのように評価するかが大きくかかわっているとの指摘をし、エスニシティの維持・進展を図りつつ、社会的平等を獲得する第三の道はないかと問いかけた

うえで、同時にそれは彼らに対する日本人の課題であると述べていることは注目に値する。日本の「国民教育」の問い直しや、異なる文化を持つ多民族の人びとと共存することが、日本の文化をより豊かなものにするとの認識と併せ、「多文化教育」へ変わらなければならないとの指摘は20年以上も前からなされていたことが指摘できる。

(3) 自文化中心の意識と関連づけられる研究

ここでは、多数派の側の自民族・自文化中心主義に言及したり、多数派の意識変容について論じている研究を取り上げる。

森茂[40]は、マジョリティ自身の持つ構築された権力性の問い直しや、脱構築など、多数派の意識変容について論じている。森茂は、多文化共生への取り組みはマジョリティである日本人児童・生徒を含む全ての児童・生徒に対し多文化共生に向けての資質をいかに育成するかという視点で考えることが重要であると指摘する。そして、そのためには、日本の学校の持つ支配的な価値（学校文化）を相対化し、カリキュラムを含む学校環境全体の構造的改革が不可欠であり、特にカリキュラム開発についても包括的で継続的な取り組みが重要であると論じている。この論文の中で森茂は、バンクス（Banks, J. A.）の理論を思考モデルとし、多文化カリキュラムの開発の視点として以下の7点を導き出している。

1) 多文化カリキュラムは、マジョリティ、マイノリティを含むすべての児童生徒のための戦略として考えられなければならない
2) 多文化カリキュラムは、マジョリティの視点で構成された教育内容を脱中心化し、多様な視点で構築されなければならない
3) 多文化カリキュラムは、人種／民族、社会階層、ジェンダー、障害、宗教など、トータルな視点から構想されなければならない
4) 多文化カリキュラムは、学際的な概念で構成されなければならない
5) 多文化カリキュラムは、単に知識（概念や問題）の習得だけでなく、そ

れに関する意思決定や行動の形成につながっていかなければならない
6) 多文化カリキュラムの開発には、包括的で継続的な取り組みが重要である
7) 多文化カリキュラムの開発には、それと密接に関わるトータルな学校環境の改革の視点が必要である

　また、佐久間[41]は、外国人の不就学に注目しつつ、現在の学校現場に求められるものの一つに、教員の変容を挙げている。佐久間は、外国人の子どもの不就学に注目しつつも、オールドカマーの問題に今日的な問題の根源があるとの認識から、問題背景を広く深く捉えている。具体的には保育園や夜間中学、定時制高校といったこれまであまり取り上げられてこなかった教育機関での外国人の子どもの教育問題や、転入・転出時の手続きにかかわる日本の教育機関からの構造的排除、自治体間に存在している受け入れ格差など、多岐にわたる議論を展開している。そのうえで、教育システムの改革に向けて、現行の制度上の問題点を指摘し、プレスクールの制度化やソーシャルワーカーとの連携などの具体的な提言を行うとともに、現在の学校現場に求められるものとして、アイヌや沖縄の人びとや在日韓国・朝鮮の人びとの生活文化、伝統、歴史を教え尊重することなどを挙げている。
　さらに加賀美は、異文化接触における多数派である日本人の側の意識のあり方について再考する時期に来ていると述べている[42]。加賀美は、昨今のめざましい国際化の流れの中で、異文化接触は増加しているものの、その結果が必ずしも好意的な人間関係の構築に繋がっていないとの課題意識から、日本人の側の在日外国人に対する意識と接触のあり方について論考している。
　手掛かりとして、中国人就学生がアルバイト先で感じる個人的な不満を規定する要因と、個人的な不満の具体的内容は何かを明らかにしている。不満の内容は、「時間給」「就労時間」「職種」に関するものより、アルバイト先での処遇や日本人の態度が差別的であるとの指摘が多かった。この結果を踏まえ、加賀美は、彼らが知覚した不満や被差別感は日本人に対する不信感を深め、日本人との接触を回避させ、敵意を助長させることも予測できると論

じ、「共生」への鍵は、われわれが対等な人間として相手を温かく受け入れ、「差別される痛みや辛さや苦しみ」に気づき、相手の立場になってその痛みを共有できる繊細な感性を身につけていくことであると結論づけている。

　岩田・石井[43] は、中国帰国者の子どもたちの立場に立ち、教材自体が全てのマイノリティの子どもたちの教育要求を満たすものにはほど遠く、行政に子どもたちの教育を受ける権利の侵害という現実への危機感はいまだに薄く、学校現場や、地域の生活現場の実情と掛け離れたレベルでの対応にとどまっていると指摘している。そして、マイノリティの子どもたちの存在の実体、基本的な権利の部分の共通理解が欠落しているのであれば、それは、適応の名のもとの同化教育に過ぎないと論じている。そして「中国帰国者お断り」「国へ帰れ」という差別落書きなどは、他者に非寛容な社会・異質少数者排除といった日本の社会的偏見の土壌の産物であると指摘し、新渡日の子どもたちに向き合う時、こうした子どもたちの背景にある異質なものに非寛容な社会の構造、「差別」の現実をどう受け止めるかで現場の対応が異なると述べている。この研究は、多数派の自文化中心の意識に関係すると思われる。

　また、志水・清水[44] は、3つの小学校における参与観察データをもとに、ニューカマーの子どもたちの学校適応のプロセスを、地域社会の状況や学校の指導体制、あるいは教室内における教師や他の子どもたちとの相互作用の関係から記述している。さらに、日系ブラジル人の自らの尊厳と自身のアイデンティティ維持のための工夫を「創造的適応」という言葉を使って表現している。そして、「国際教室」の担当教師の仕事は、日本の学校が変質してしまわないようにニューカマーの側を適応させること[45]であると指摘したうえで、「日本の学校は、外国人のためにも存在する」という意識を持つこと、つまり「子どもたちの間にある社会的差異をしっかりと認識したうえで、個々のニーズに極力応じた教育的働きかけを行うこと」が、彼らの支援になると論じている。加えて志水・清水は、教師が思いもよらない形で「同化圧力」を加える場合が多いことを指摘している。ブラジルからの生徒の日本語の上達を「ヘナタは爪の先から日本人になっていくね」と教師がほめたことに対し、その生徒が戸惑いながら否定をする行為を「同化圧力」への静かな

抵抗と分析している[46]。この事例からは、背景に教師の自文化中心主義を読み取ることができる。

さらに、外国人児童・生徒を直接指導している教師に着眼した研究に、佐藤[47]のものが挙げられる。外国人児童・生徒が在籍する公立小・中学校の教師195名を対象に記述式の質問紙調査を実施し、初期指導、教科指導、教科外指導、家庭との連絡・父母とのコミュニケーション、そして外国人児童・生徒の教育の問題などにかかわる学校、教師の指導の実態を把握したうえで、外国人児童・生徒教育の問題点と課題を導き出している。特に本研究に関係するものとして、佐藤は教科外指導の実態において以下のように述べている。「教師調査を通して気づくのは、単に外国人児童・生徒の表面的な行動のみに着目しそうした態度や行動をなぜするのかというその背景にまで踏み込んで理解し、そのうえで指導しようとする姿勢が弱いという点である。つまり、日本の望ましい学習態度や学習習慣を前提に、それを基準として外国人児童・生徒の行動を矯正することを生徒指導の課題としている教師が多いように思われる。日本の学校的な規範や秩序、そして日本的な学習習慣・態度などを外国人児童・生徒に一方的に強要することは厳に慎まなければならない」[48]、「周囲の児童・生徒への指導の必要性である。『学校、学年、学級での日本人児童への国際理解教育の推進が必要』『一般の子どもに対する異文化理解教育、人権教育が必要』といった回答が多く見受けられる。国際理解教育は、国際的場面や外国との関わりのみが課題とされるものではなく、日本社会や日本の学校がとかく持ちやすい『異質排除』の特性をどう改めていくかという課題に結びつく。―中略―欧米の学級では、『偏見の除去、ないし低減プログラム』が就学前や小学校低学年から実施されている。これは、偏見や差別は早い時期に形成されるためであるという。こうした意味でも、早い時期からの国際理解教育の取り組みが求められる」[49]。佐藤は、外国人児童・生徒を直接指導している教師が日本の学校的な規範や秩序などを、外国人児童・生徒に一方的に強要することの問題性を指摘するとともに、日本社会や日本の学校が持ちやすい『異質排除』の特性も課題視しているといえる。

佐々木・阿久澤[50]は、民族学校を例に挙げ、子どもの権利条約とその基本

原則に照らし、制度的差別を受けていると論じている。併せて、文部科学省の「外国人子女教育」政策は、そのほとんどが日本語と社会適応の指導に関することに当てられていることから、「外国人が外国人として日本の学校で教育を受けられる」という、ごく当たり前のことが実現できる外国人教育を、政策として位置づけることが必要ではないかと指摘している。例えば母語教育の保障は、外国人の子どもたちが、外国人としてのアイデンティティを持ちながら生きることを認める、ということである。だからこそ、これを公教育の中でどのように位置づけるかは、外国人教育に対する姿勢そのものを示すものとして注目されると論じている。

　これらの研究は、「構築された権力性」「日本の学校の持つ支配的な価値」「同化圧力」「他者に非寛容な社会・異質少数者排除」「『異質排除』の特性」「ニューカマーの側の適応」などの視点から、多数派である日本人の側の自文化中心主義ともいえる、自文化を偏重する傾向について言及し、あるいは日本人の側の問題点を指摘し、その変容の必要性について論じているものといえる。そして、少数派に同化を迫ることの問題性をあぶり出していた。また、加賀美は、「彼ら（中国人就学生）が知覚した不満や被差別感は日本人に対する不信感を深め、日本人との接触を回避させ、敵意を助長させることも予測できる」と指摘しているが、この指摘は外国人児童・生徒教育における自文化中心主義の持つ他者危害の側面や、次節の本研究の理論枠組みで論じる「日本の集団との関係性構築の難しさ」にかかわるものと考えられる。
　以上見てきたように、外国人児童・生徒教育にかかわる議論においては、日本の学校において、外国人児童・生徒が適応に課題を抱えている現実や、学校の中に出現する異質文化と捉えられる外国人児童・生徒に教師たちがどのように対処するのかといった、文化の適応や摩擦にかかわる指摘が多数なされてきた。しかしながら、外国人児童・生徒に強い影響力を有すると思われる、教師や、日本人児童・生徒の対応のあり方や働きかけに焦点化し、外国人児童・生徒の異文化適応との関係について具体的に論じているものは見当たらない。

3．外国人児童・生徒教育にかかわる教師教育に関する研究

　本項では、2007 年に異文化間教育学会で発行された『異文化間教育』25 号の文献目録 25 に挙げられている、「異文化間教育と教師」にかかわる論文など 622 編、さらに、2009 年に同学会で発行された『異文化間教育』30 号の文献目録 30 に挙げられている、「多文化教育」「多文化共生」に関するものの中で「在日外国人教育・外国人児童生徒教育」と関連する論文 16 編、「カリキュラム・教材・教授法、評価」と関連する論文 18 編を中心に、学術文献のデータベースなども参考にしながら、外国人児童・生徒教育にかかわる教師教育に関係すると思われる文献について整理を行う。

　日本における外国人児童・生徒教育にかかわる教師教育についての議論は、主に 1990 年の改正入管法の施行以来表面化してきた教育現場における課題に応える形で起こってきたと考えられる。1995 年には文部省から「ようこそ日本の学校へ」という、日本語指導が必要な外国人児童・生徒の指導資料が出され、外国人児童・生徒に対する教育のあり方や、具体的な受け入れの態勢、日本語や学習指導の進め方などが示された[51]。そして、恒吉はおよそ同時期に、教室内でともに学ぶことになった外国人児童・生徒に対し、教師が適切に向かいきれない現実に触れつつ、教師の訓練（教師教育）の不備について以下のように論じている。

　　「日本の場合は、単一民族意識の強い社会にあって、実生活の中で教師が自然と他民族や異文化的背景の人間の理解に役立つ知識を身につける機会が少なく、個人的にも、異文化的背景を持たない可能性が大きい。各自治体で努力を重ねている所もあるものの、まだ日本語力と学科の指導が主眼であり、教師の訓練という点でも、模索の段階である。学校自体が、同質性原理のもとで、同じに扱うことが平等であるという論理を、条件が極端に違う子どもに当てはめる仕組みになっている。―中略―例外的な努力を重ねている教師にも遭遇する。―中略―だが、忙しい日課の中で、そう

した時間を見出せない教師。また、努力を組織的に支える構造にもなっていないし、こうした子どもの背景を考慮し、それを価値あるものとして子どもたちも教師も学ぶべきだということを具体的に実行しなければならない指針も与えられていない中で、必要性を感じない教師も少なくないものと思われる」[52]。

上記の指摘以来すでに20年以上が経過し、その間外国人児童・生徒教育にかかわる教師教育に関してはいくつかの議論が展開されてきた。しかしいまだに外国人児童・生徒教育にかかわる教師教育が十分になされているとはいえない。例えば田渕は現在の教師教育が学校現場から乖離していることを指摘し、ニューカマーの子どもたちが空間的、時間的、文化的に分断されている状況や、子どもたちの民族的な誇りを育むことを困難にしている差別や偏見などの存在を踏まえ、マイノリティの子どもたちが置かれた厳しい状況を認識する教職カリキュラムが必要であると指摘している。そして、異文化間教育を一部の学生しか学ぶことができない教師教育を改善し、実践の事実を持ち寄って民主的な学び合いができる自主的な研修機会の提供が求められると論じている[53]。

ここで、これまで展開されてきた外国人児童・生徒教育にかかわる教師教育に関する議論を、教師教育の不在やその必要性にかかわる研究、アメリカの多文化教師教育にかかわる研究、具体的な課題に即した教師教育にかかわる研究という、3つのカテゴリーに分類し整理してみたい。

(1) 教師教育の不在やその必要性にかかわる研究

新倉[54]は、「外国人児童・生徒の受け入れに関わる教師の意識」の中で、国籍や民族の多様化が進み多文化化の一途をたどっている学校にとり、ニューカマーの子どもの日本語の問題や行動様式の相違から生じるさまざまな摩擦や軋轢が取り組むべき課題として認識され、対応が迫られている現実について論じている。そして、外国人児童・生徒を受け入れた経験がある、あるいは現在受け入れている千葉市内の小・中学校に勤務する教師136名に対し

て意識調査を行った結果、受け入れに対しては教師側も負担を強いられていることとして捉えていることや、受け入れに伴う適切な教材や指導法が早急に確立される必要性を認識していることが明らかになったと述べている。そして、外国人児童・生徒の受け入れに求められる学習環境および教育制度の整備が大きな課題であると論じている。さらに、調査の結果、外国人児童・生徒の対応は、彼らを受け入れる学級や担任の教師など個々の対応に任されている部分が大きく、教育システムとして外国人児童・生徒の教育についての取り組みがなされていない現状が明らかになったと結論づけている。

また結城[55]は、生まれ育った文化も母語も異なる子どもたちが在籍する教育現場で活躍できる人材をどのように育成したらよいのかという問いを立て、この課題に対応できる教員養成カリキュラムはほとんどなく、自治体の教育関係者ならびに学校教師が、次々と起こる変化と混乱へ対応しながら新しい教育のあり方を模索している状況であると論じている。そして、南米系ニューカマーの在籍率の高い大泉町（群馬県）で起こった教育現場での変化とその変化に対する取り組みを紹介しながら、その知見に基づき、多文化地域の教育現場で活躍する人材を育成するには、コーディネート力の学習等、「現場たたきあげ」の教員養成カリキュラムが必要になると述べている。

小野ほか[56]は、外国人児童・生徒の在籍期間の長期化により、教科の学力の保障という問題が出てきていることを踏まえ、学校全体としての取り組みは不可欠であり、教員全体が年少者の第二言語習得と異文化間教育に関する最低限の知識を習得し、言語的・文化的多様性を受け入れる態度とともに、外国人児童・生徒をどう支援するかという実践的な指導力を身につける必要があるとしている。また、日米の教員養成学部生の意識比較を行い、日本人の回答者の方が、外国人児童・生徒の実態を十分に知らず、併せてそうした子どもたちの教育をそれほど困難とはみなしていないことが明らかになったと述べている。そして、そのように正確な知識を持たないまま日本語を母語としない子どもたちを受け入れた場合、日本人学部生の「楽観的予測」はあっけなく崩れてしまうと論じている。さらに、そのような状況改善のためには、正しい情報を提供し、異言語・異文化の子どもたちについての知識を構

築すること、それをもとに、考えられる問題場面でどのように行動したらより効果的かを実践的、体験的に学ぶことが重要であると結んでいる。

さらに森茂[57]は、グローバル化の進展の中で、学校における国際理解教育の重要性が認識されてきているが、それを実践する教師の資質やその養成と研修については十分な検討や対応がなされてきているとはいいがたいと述べている。そしてこれまでグローバル化の進展によるヒト、モノ、情報等の地球規模でのトランスナショナルな移動が地球的相互依存と一体化を促進してきたと指摘している。一方で、特にヒトの移動によって一国内の民族的、文化的多様性を推し進めている今日の社会変動に対応して、グローバルな価値（人類益）の実現を目指して行動できる地球市民としての資質および、多文化社会の中で異なる文化を受容し、尊重し、それとの共生に向けて行動できる市民としての資質という、2つの資質育成が語られてきたが、教員養成においてもこの2つの資質を備えた教師の養成が急務であると論じている。

併せて、教員養成大学の学生の、異文化に対するステレオタイプで本質主義的な認識を明らかにすると同時に、日本の教員養成大学・学部において国際理解教育に関する科目が十分に提供されていないことに関しても指摘を行っている。そして、課題解決のためには、例えば、全米教員養成大学協会（AACTE：American Association of Colleges for Teacher Education）が設けている「多文化教師のための指針」を思考モデルとするなどし、国際理解教育のための教員養成や研修についての指針やプログラム作りに取り組む必要があるとしている。

これらの論文はいずれも、外国人児童・生徒の在籍率の高い学校での状況や、教員養成学部生の意識比較などの具体的事実に基づき、外国人児童・生徒教育にかかわる教師教育の不在やその必要性を論じたものといえるであろう。

(2) アメリカの多文化教師教育にかかわる研究

森茂は、多文化社会アメリカでは、学習者の文化的多様性を尊重し、多様

な学習者の自己実現を支援するような「文化に特有な教育学 (culturally specific pedagogy)」の構築と、文化に配慮できる資質を持った教師の養成が大きな課題となっており、そのような思想と実践の基盤に立った教育を「多文化教育」、その教師教育における展開を「多文化教師教育」と呼んでいると述べている。そして、アメリカにおいて「多文化教師教育」という考え方が成立する 1970～1980 年代を中心に、多文化教師教育の展開とそこから抽出された課題の検討を通して、多文化化が進展している日本の教師教育への示唆を明らかにしている。

具体的には、全米教員養成大学協会による、教師教育における多文化教育の推進に関する 1972 年の声明「ひとつのモデルでないアメリカ人 (No One Model American)」、多文化教師教育の実施指針 (Guidelines for Implementation)、全米教師教育資格認定協会 (NCATE：National Council for Accreditation of Teacher Education) による多文化教師教育のスタンダードなどを取り上げている[58]。そして、日本における教員養成大学・学部において多文化教育を含む国際理解教育に関する科目が十分に提供されていない実態を示し、多文化教師教育についてのスタンダードやプログラム作りに取り組む必要性について論じている。

また松尾は、アメリカにおける多文化教師教育の動向、多文化共生社会を目指した教員養成プログラムについて詳しく論じており、多文化教師教育の焦点は、教員志望学生の持つ自文化中心主義的な意識の克服にあると指摘している。つまり、教師を目指す学生の人種、民族、ジェンダー、階級等に関する見方や考え方はプログラムに入る以前にすでに形成されており、こうした学生自身の自文化中心の意識を「内省、省察 (reflection)」を通していかに変革していくかが中心の課題となっていると述べている。そして、これからの多文化教師教育は文化の理解や尊重にとどまらず、文化の流動性や権力作用を考慮に入れ、新たな多文化共生の文化を創造していく視点が必要であると同時に、このような新しい文化認識に立って自文化中心主義的な意識を変革し、より公正で平等な多文化共生社会を形成していこうとする意志を持った教師を養成する、新たな多文化教師教育への飛躍が求められると論じてい

る。さらに日本においてもアメリカの事例と同様に、教師志望学生自身の自民族・自文化中心主義的な意識の変革に焦点づけられた系統的・包括的な教員養成プログラムを構想していくことが重要であると結んでいる[59]。

両論文ともに、アメリカの多文化教師教育の知見を活かし、日本における教師教育の質をより高めることを目指しているといえる。

(3) 具体的な課題に即した教師教育にかかわる研究

田渕は、1960年代末からの同和教育に始まり、海外帰国生教育、在日コリアン教育、現在の「差異の豊饒化」を志向する多国籍化したマイノリティの子どもたちへの教育という、日本における異文化間教育の流れを押さえたうえで、これからの教師教育のシステムの中では、マイノリティの子どもたちが置かれた厳しい状況を認識する教職カリキュラムが必要であると論じている。併せて、在日コリアン教育の実践を深化させることを可能にした、意識的な実践者により自主的に組織された「全国在日朝鮮人教育研究協議会」（2002年から「全国外国人教育研究協議会」に改称）の教師集団の自己教育機関としての機能に言及し、現職教育の重要性についても指摘している[60]。

所澤は、太田・大泉地区の小・中学校の教育の国際化の実態に関して、教育学的側面、人文地理的側面、日本語教育的側面から調査を行うとともに、必要とされる教員資質について検討を進めている。併せて、教育学的側面の調査では、日系ブラジル人児童・生徒の在籍数の多い公立小・中学校について、授業の実際、授業方法の開発、日本語教育の実際、学校建築、学校環境などについて調査を進め、外国人子女の存在を前提とした場合の教員養成のあり方に関する調査について報告している[61]。また、所澤・古屋は、外国人児童・生徒の在籍に対応した教育実習を実験的に実施し、現場からの希望をいれた研修講座も行っている。その結果、2005年度の研修講座では、参加者のバイリンガル教育に対する理解がかなり改善されるとともに、任用されているいわゆるバイリンガル教員の職務のあり方について検討の余地があることも明らかになったと述べている[62]。

新倉ほか[63]は、外国人児童・生徒を受け入れ、一日の大半を対応するクラ

ス受け持ち教師への異文化理解教育に関する体系だった知識や情報の提供がなされていないことが多いと指摘する新倉の研究[64]をもとに、子どもの文化的多様性に対応する教師自身の異文化資質、および異文化対応力の向上を図ることを目的として教員研修を実施し、その効果について論じている。さらに新倉らは、外国人児童・生徒に直に接する担任が、対応の適切さなどの判断基準も示されないまま、これまでの日本人の子どもたちへの指導から身につけた自身の教職体験をもって対応しているのが現状であり、外国人児童・生徒を受け入れる教員へのサポート不足に課題意識を有すると述べている。同時に、教師の異文化資質の向上と状況への「適切な対処」を促す教師教育のあり方の継続的な模索と、研修内容のユニット化などを課題として挙げている。

　外国人児童・生徒教育にかかわる教師教育についての議論は、その不在や必要性を指摘し認識したうえで、アメリカの多文化教師教育の知見、日本のこれまでの異文化間教育の積み重ねに基づく知見、あるいは具体的な地域の課題や教師へのインタビューなどを糸口として展開されてきた。議論の方向性はさまざまであるが、通底するものとして、「社会は日本人のみで構成され、本質主義的な『日本文化』が存在し、教育内容は『学習指導要領』に示され、それを伝達する教師は日本人でなければならないという前提」[65]への懐疑と問い直しへの意識を読み取ることができる。

　教師教育の不在やその必要性にかかわる研究においては、結城が、生まれ育った文化も母語も異なる子どもたちの課題に対応できる教員養成カリキュラムはほとんどないと指摘し、現場の混乱の様子が読み取れる。そのような教師教育不在の状況に対し、アメリカの多文化教師教育の理論を援用しようとした研究に、森茂、松尾が挙げられる。森茂は、全米教員養成大学協会による、教師教育における多文化教育の推進に関する1972年の声明「ひとつのモデルでないアメリカ人」、多文化教師教育の実施指針、全米教師教育資格認定協会による多文化教師教育のスタンダードなどを取り上げながら、多文化化が進展している日本の教師教育への示唆を明らかにしている。また、

松尾は、アメリカの多文化教師教育の焦点は、教員志望学生の持つ自文化中心主義的な意識の克服にあると指摘し、日本においてもアメリカの事例と同様に、教師志望学生自身の自民族・自文化中心主義的な意識の変革に焦点づけられた系統的・包括的な教員養成プログラムを構想していくことが重要であると論じている。上記の議論は、教師が文化に配慮する意味や価値を明らかにするうえで、示唆的である。

　また、田渕は、日本におけるこれまでの異文化間教育の流れを押さえたうえで、子どもたちのエンパワメントに重点を置き、長く外国人児童・生徒教育に携わってきた経験から、外国人児童・生徒の立場に立った具体的な提案を行っている。一貫して空間的、時間的、文化的に「分断状況」に置かれている子どもたちの状況に寄り添う立場から論を展開し、外国人児童・生徒の置かれた状況から教育課題を明らかにする手法をとっており、きわめて示唆的といえる。

　しかしながら、これらの研究には、教師とのかかわりの中で、外国人児童・生徒の異文化適応が変化していくとの視点は認められない。外国人児童・生徒の異文化適応における教師の働きかけの重要性や影響力を認識したうえで、外国人児童・生徒の異文化適応と教師の働きかけとの関係について示される必要があると考えられる。

第3節　本研究の理論枠組み

　外国人児童・生徒の「日本の学校」という新しい環境における「適応」を把握するためには、異文化適応、あるいは異文化接触にかかわる文化変容という考え方が参考になる。異文化接触とは、ある程度の文化化——人間に特有な、生まれ育った文化の中で生きていく能力を獲得する過程を概念化したもの——を経た人が、他の文化集団やその成員と持つ相互作用である[66]。また文化変容については、ハースコヴィッツ（Herskovits, M. J.）らによる「異なる文化を持った集団が、継続的に直接的に接触し、その結果その双方あるいはいずれの集団の独自な文化的パターンが変化するような結果を生ずる現

象」といった定義、あるいはベリーらによる「個人が、生活を営んでいる、他の特徴を持つシステムとうまくやっていけるように、接触の度合いを変えたり、周囲の状況を変えたり、心理的な特質を変えたりするような過程」という個人レベルの文化変容に関する定義などがある。また、シーガル (Segall, M. H.) らは、集団レベルにおける文化変容を、社会構造、経済基盤、政治組織における変化であるとし、個人レベルにおける文化変容を、アイデンティティ、価値観、態度、行動における変化により構成されると分けて論じている[67]。

また、江淵は、「異文化での適応・不適応は、現実にはさまざまな要因が複雑に絡み合って発生しており、要素主義的な説明では不十分である」としつつも、その中心的な原因を、異文化に入った個人の属性、受け入れ側の問題、および相互誤解など異文化接触であるがゆえに発生する問題の3側面に分けて考えることができるとしている[68]。

本研究では、教室に学ぶ外国人児童・生徒の異文化適応と教師の役割がどのように影響し合い、またどのような関係があるのかについて論究することを目的としている。したがって、個人レベルにおける思考を必要とするとともに、江淵が述べているような、受け入れ側との相互作用的な側面に着目する必要がある。そこで、個人レベルの文化変容について論じ、さらに適応を分類するに当たり、「自分とは異なる文化集団との関係」という、相互作用的側面に注目したベリーらの理論枠組みに依拠して論を進めることとしたい。

一方で、ベリーらの理論枠組みに関しては、配慮すべき点もある。ベリーらが研究対象としているのは、主に難民、移民および外国人労働者であり、児童ではない。また対象とした文化圏についても、ベトナムやエチオピアから、定住国であるオーストラリアやイギリス、カナダなどへ向かう集団を扱っていることから、日本における異文化接触や異文化適応を論じる際の理論枠として用いることには課題が存在する可能性がある。しかしながら、ベリーらは自身の調査結果に基づいた心理的支援を、「文化の接触および、変化という状態にある数百万人にもおよぶ個人」に付与すべきであると論じ、外国人を受け入れている国の諸政策および計画に活かすことを想定している。

図0-1 2つの基準の組み合わせによる文化変容の4類型

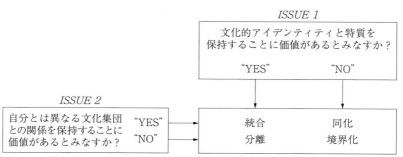

出典：Berry, J. W., Poortinga, Y. H., Segall, M. H. & Dasen, P. R., *Cross-cultural Psychology*, Cambridge University Press, 1992, p. 278.

文化を受容する側の人びとが経験する問題の軽減を念頭に置いているのである[69]。このベリーらの考え方は、本研究の目指す方向性と一致する。この点も、本研究がベリーらの理論に依拠する理由である。

　ベリーらは、文化変容を異文化接触の過程で生じるものとして捉え、時間が経過するに従い「接触以前：pre-contact」「接触：contact」「葛藤：conflict」「危機：crisis」「適応：adaptations」という段階をたどることを示している。そして最終段階である「適応」を、文化変容の結果として捉え、図0-1で示すように、「外国人児童・生徒の自国の文化的アイデンティティと特質を保持することに価値があるとみなすか」「自分とは異なる文化集団との関係を保持することに価値があるとみなすか」という2つの核となる問いに対する指向性によって、4類型に分類できるとした[70]。そして、文化変容の4類型と文化的・心理的変化の度合いとの関係は図0-2のようになるとされる。

　さらに、佐藤は、外国人児童・生徒は、全面的な異文化接触により「文化変容」を余儀なくされ、多様な異文化適応の形態を示し、「統合」という状態になる児童・生徒はいるものの、それは留学生の子どもなど社会的・経済的に恵まれた一部に限られており、大半の外国人児童・生徒の異文化適応は、

図0-2 文化変容の4類型と文化的・心理的変化の度合い

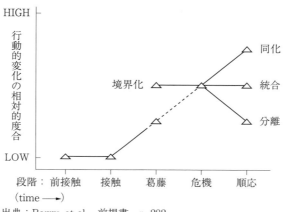

出典：Berry, et al.、前掲書、p. 282。

「接触」「葛藤」「危機」「適応」と直線的に進むのではなく、「葛藤」や「危機」の段階の「境界化」という状況にあることが多いと述べている[71]。そして、ベリーらの文化変容の理論に依拠したうえで、「境界化」の要因を大きく2つに分けている。一つは、「文化的アイデンティティと特質の不保持」を引き起こすと考えられるものであり、もう一つは、「日本の集団との関係構築の難しさ」を引き起こすと考えられるものを挙げている。そして前者には①学校・学級内の対人関係の意図的、無意図的な「同化圧力」、②文化の階層化に起因する、無形の「同化圧力」が含まれ、後者には①日本語能力、②家族的要因、③日本の学校、教師の持つ「異文化性」の捉え方が含まれるとしている[72]。このように、外国人児童・生徒の「境界化」にかかわる要因の整理においては、その一つに「教師のもつ『異文化性』の捉え方」が挙げられており、外国人児童・生徒の異文化適応を促進する教師の働きかけについて論考するうえで重要な要素になることが予見される。したがって本研究では、ベリーらの理論枠組みと佐藤の「境界化」についての要因整理に依拠しながら外国人児童・生徒の異文化適応と教師の働きかけとの関係について論考していく。

第4節　研究方法と本研究の構成

1．研究方法

　本研究では、日本における外国人児童・生徒が異文化適応において「葛藤」や「危機」の段階にあるとの報告に着目したうえで、外国人児童・生徒の異文化適応を教師の働きかけが促進するのか否かを検討する。そして、もし異文化適応を促進し得るのであれば、外国人児童・生徒の異文化適応と教師の働きかけとの関係がどのようになっているかを明らかにしていく。

　まず、これまでの「異文化適応にかかわる研究」「外国人児童・生徒教育にかかわる研究」、および「外国人児童・生徒にかかわる教師教育に関する研究」を概観、検討した後、第1章において、全関西在日外国人教育ネットワークが1996年から開催してきている「ちがうことこそすばらしい！子ども作文コンクール」において10年の間に選ばれた104編の作文に書かれている、外国人児童・生徒自身の語りから、外国人児童・生徒の置かれた状況を明らかにする。これらの作文から読み取れる内容は、浜松市で行われた「外国人の子どもの教育環境意識調査」[73]などの統計データとの整合性も確認できる。

　外国人児童・生徒自身の語りに着目することで、彼らが何を必要としているのかを読み取り、より実態に即した異文化適応にかかわる状況把握が可能となると考えられる。上記の作文コンクールは、日本の社会がいまだに文化的に多様な人びとの受け入れに十分な体制を整えているとはいえない状況であり、子どもたちの思いを受け止めることで、日本の社会や学校がさまざまな違いを理解し、多文化共生社会を築いていくことを願って開催されているものであり[74]、同組織は、10年以上にわたり在日外国人の子どもたちにその思いのたけを母語で、あるいは日本語で書いてもらい発表する場を設けてきている。田渕が、これらの作文について「子どもたちの目に映った外界（家庭や学校）が率直に描かれている。家庭の静い、親の就職難、親子の断絶、

心ないクラスメートの言動。作文を通じて、子どもたちの置かれた状況が手に取るように伝わってくる」[75]と述べているように、指導者との間に築かれた信頼関係のもと、外国人児童・生徒の率直な思いを汲み取ることに成功している作文集と考えられる。

　むろん、このような作文集が、学術研究の資料として一定の限界を有していることも確かである。メリアム（Merriam, S. B.）は、質的研究において、文献（当該研究に関連した、幅広い活字的・映像的・物的資料に言及する際の包括的な用語）を、インタビュー、観察に次ぐ3番目の主要なデータソースであると述べている。そして、文献を、①公的記録、②私的文書、③物的資料、④調査者が作成した文献に分類したうえで、作文集がその中に含まれると考えられる私的文書について、きわめて主観的な資料であるが確かに当事者の観点を反映するものであり、またそれが質的調査の求めている情報である場合も多いと指摘している。さらに、手掛かりを捉えること、新しい洞察を得ること、そしてデータへの感受性を高めることは、調査者がインタビューをしていようが、観察をしていようが、文献分析をしていようが共通することなのであると述べている[76]。また、作文集のような二次的データをめぐる評価については、「新たな意味生成をはらむ、新たなテクスト」としての捉え直しもなされている。松島は、「引用」という語をネガティブに捉えてはならず、読むという行為によって引き起こされるダイナミクスこそテクスト論の本質といえ、「既成の素材を扱った研究」といった批判は、テクスト分析への無理解からくるものであると指摘している。また、テクスト論において、表現物は表現者が表現を行ったその瞬間において〈新たな意味生成をはらむ、新たなテクスト〉が誕生したと考えるべきであると述べている。そして、あらゆるテクストは、それ自体においてすでに意味生成の担い手であり、「語りはじめる」データとして捉えるべきであると指摘している[77]。したがって、本研究で扱う作文集は、当事者の観点と一定の現実を反映するものとして、また読むという調査者の行為を通して分析対象となり得る資料であると考えられる。

　併せて第1章において、日本における「マイノリティの教育権」にかかわ

る裁判の記録をもとに、外国人児童・生徒の状況を人権の視点から論究する。具体的には、大阪高裁平成 20 年 11 月 27 日判決を取り上げる。判例は、その社会の価値観あるいは本質を知るうえで貴重な資料といえる。また、この判決については、憲法第 26 条[78]（教育を受ける権利および義務教育について規定）との関連性だけでなく、国際法の視点からも解説がなされており[79]、その重要性や関心の高さが窺われる。

第 2 章においては、これまで外国人児童・生徒にかかわる教育施策において形式的な「平等重視」の考え方がとられてきたことや、彼らの文化の尊重について明確な記述が見られなかったことを受け、このようなこれまでのあり方について分配的正義の理論と公共性の理論を用いて検討する。次に、第 1 章から導き出された外国人児童・生徒の課題について検討し、それぞれの課題に合わせた概念や理論を示す。そして、以上の検討に基づき、外国人児童・生徒の異文化適応を促進する教師の働きかけについて仮説を提示する。

ドイッチ（Deutsch, M.）は、社会の至るところで資源を分配する際、あるいは分配のあり方について「正義」か「不正義」かを判断するに当たり 3 つの重要な原則があると述べている。第一の原則は、衡平原則（equity principle）[80]といわれるものであり、貢献（個人の努力や技量）に応じて利益を受けるべきと考える。第二の原則は、平等原則（equality principle）といわれるものであり、集団の全成員は等しい利益を受けるべきと考える。そして、第三の原則は、必要原則（need principle）といわれるものであり、必要性の高い者がより多くの利益を受けるべきと考えるものである。

井上は、多元社会における民主的プロセス自体の公共性の条件をめぐり、「我々は、その対立する他者にも妥当する論拠として、自閉的な特異理由を超えた公共的理由を提示しなければならない」と述べる。つまり、領域や主体、あるいは手続きが公共的である以上に、理由が重要であり、かつその理由が公共的でなければならないと論じている。そして、公共的理由であるかどうかを判断するために大切なことが「反転可能性（reversibility）」、つまり、自分と他者との置かれた状況だけでなく、視点を反転させたとしてもなお受容できるかのテストであると述べている[81]。

第3章から第5章においては、具体的なフィールドに目を移していく。筆者はかねてより、外国人児童・生徒の異文化適応に関心を寄せ、これまでさまざまな角度から事例研究を重ねてきた。それらの事例研究を通して、外国人児童・生徒の異文化適応を促進する教師の働きかけについて実証的な検討を行うとともに、第2章で提示した仮説も踏まえ、外国人児童・生徒の異文化適応と教師の働きかけとの関係について論じる。

　第3章で扱う事例は、タイからの児童を受け入れていた小学校の教諭が、当該児童の異文化適応を支援し、同時に日本人児童においても国際理解教育にかかわる変容を促す働きかけをしていたことに着目したものである。また第4章では、外国人生徒を多く擁する中学校において実施されたルーツに関する学びが、外国人児童・生徒には「自分が自分であること」や「自分なりの生き方や価値観」を肯定することを導き、日本人児童・生徒には外国人児童・生徒の立場や思いを想像する力を育てた過程を追った。さらに、第5章では、能力と努力を加えたメリットを持った人びとが成功する社会から、選抜の前提として親の富や願望がある社会、つまりペアレントクラシーに転換しつつあるとの指摘を踏まえ、ペアレントクラシー下での教師の働きかけについて検討した。

　終章では、本研究から得られた知見、異文化適応と教師の働きかけとの関係を明らかにすることの有効性、本研究の意義、今後の課題について論じていく。

2．本研究の構成図

　本項では、本研究の構成について図0-3により示す。

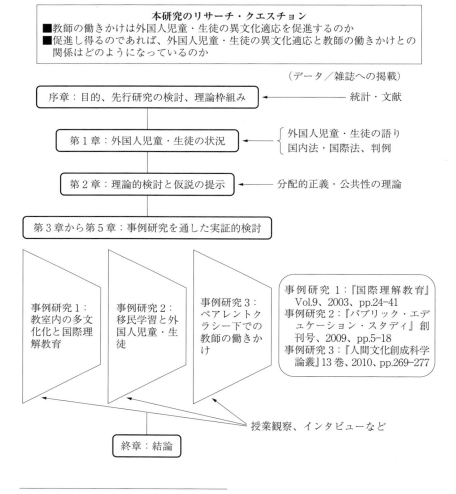

図0-3 外国人児童・生徒の異文化適応における教師の役割

注

1 文部科学省「日本語指導が必要な児童生徒の受入状況等に関する調査（平成26年度）」より。http://www.mext.go.jp/b_menu/houdou/27/04/1357044.htm（2016年6月7日取得）。

2 同上の文部科学省の調査によれば、日本語指導を必要とする外国人児童・生徒のうち、ポルトガル語を母語とする者が最も多く、8340名、次いで中国語を母語とする者6410名、その次にフィリピノ語を母語とする者5153名と続く。

3 文部科学省では、2005年から2006年にかけて行った外国人の子どもの不就学実態調査の結果を公開している。滋賀県や太田市など、1県11市を調査対象としているが、計112名の不就学児童・生徒がいると報告されている。http://www.mext.go.jp/a_menu/shotou/clarinet/003/001/012.htm2011（2011年9月16日取得）。

4 佐藤郡衛「在日外国人児童・生徒の異文化適応とその教育」江淵一公編著『トランスカルチュラリズムの研究』明石書店、1998、pp. 482-484を一部要約。

5 本論では、江淵にならい、文化とのかかわりにおいて人びとが抱く「私は何者か」についての意識と捉える。江淵一公編『異文化間教育研究入門（オンデマンド版）』玉川大学出版部、2007、p. 32。

6 Berry, J. W., Poortinga, Y. H., Segall, M. H. & Dasen, P. R., *Cross-cultural Psychology*, Cambridge University Press, 1992, pp. 278-282.

7 竹ノ下弘久「『不登校』『不就学』をめぐる意味世界」宮島喬・太田晴雄編『外国人の子どもと日本の教育―不就学問題と多文化共生の課題』東京大学出版会、2005、pp. 126-127。

8 極端な例ではあるが、神奈川県の久里浜少年院には、1993年より「国際課」が設置され（2008年5月法務省矯正局へ電話にて取材）、増え続ける外国籍の在院者へ対処している。約1年間の矯正期間を終えた退院者の「久里浜は私にとって最高の学校でした。日本に来て初めてきちんとした授業を受けさせていただきました」という言葉（2008年4月13日付日本経済新聞「けいざい解読」〔編集委員　太田泰彦氏〕より）は重く受け止められなければならないだろう。

9 岩田忠・石井小夜子「中国帰国者の子どもたち」中川明編『マイノリティの子どもたち』明石書店、1998、pp. 159-161。

10 佐藤郡衛『異文化間教育』明石書店、2010、pp. 132-137を一部要約。

11 太田晴雄「日本的モノカルチュラリズムと学習困難」宮島喬・太田晴雄編『外国人の子どもと日本の教育―不就学問題と多文化共生の課題』東京大学出版会、2005、pp. 58-59。具体的には「永住を許可された者が、当該永住を許可された者を市町村の設置する小学校または中学校に入学させることを希望する場合には、市町村の教育委員会は、その入学を認めること」「永住を許可された者およびそれ以外の朝鮮人教育については、日本人子弟と同様に取り扱うものとし、教育課程の編成・実施については特別の取り扱いをすべきでないこと」（1965年12月25日文部事務次官通達）。後に適応対象が外国人一般に修正される。

12 文部科学省HP　http://www.mext.go.jp/b_menu/shingi/chousa/shotou/042/houkoku/08070301.htm より（2011年9月17日取得）。［今後の方策］として「学校において外国人児童生徒の教育を適切に実施するためには、外国人の子どもの持つ言語や文化に対する理解をもち、外国人児童生徒の日本語等の指導や国際理解教育に関する知識、技能、意欲を持った教員や支援員を養成し、確保しなければならない」「学校では、他の児童生徒に対し、外国人の児童生徒の長所や特性を認め、広い視野をもって異文化を理解し共に生きていこうとする姿勢を育むことが重要である」「学校においては、国際理解教育の一環として、総合的な学習の時間や各教科を活用するなどして、外国人児童生徒と日本人児童生徒の交流や相互理解を進めるような取組を行うことが期待される」との記

述があり、将来における外国人児童・生徒の文化への関心や、尊重への意欲は読み取ることができる。
13 　全関西在日外国人教育ネットワーク編『届け！私の思い～「ニューカマー」の子どもたちの声～』全関西在日外国人教育ネットワーク、2001には、小学校から高校まで、多くの渡日の子どもたちの声が率直に語られている。
14 　全関西在日外国人教育ネットワーク、同上など。例えば中国籍小学4年生の言葉として、「……少しは外国人の気持ちも考えてほしかった。先生まで私の気持ちが分かってなく、あの時の私は本当にひとりぼっちの思いをしてしまった」(pp. 17-18)。これは、日本に来て間もない中国籍児童が、日本人クラスメートから違う教室を教えられ遅刻したと教師に説明した際、「でもおくれた」と、対応されたことに対する気持ちを表している。当該児童がいじめられたと教師に訴えると、教師は、日本人の子どもは冗談のつもりでいったかもしれないと、日本人の子どもをかばったという。この例は、支援とは逆に、教師が外国人児童・生徒に孤独感を与えてしまった事例といえる。
15 　星野命「異文化間教育と多文化（共生）教育における教師と教師教育」『異文化間教育』25号、異文化間教育学会、2007、p. 3。
16 　安東茂樹・静岡大学教育学部附属浜松中学校『「セルフ・エスティーム」をはぐくむ授業づくり』明治図書出版、2007、p. 38。
17 　北村晴朗『適応の心理』誠信書房、1975、pp. 1-11。
18 　ショーヴィニズム（chauvinism）とは、（狂信的）身びいき等と訳される。排外主義の意味で用いられる。
19 　渡辺文夫編著『異文化接触の心理学』川島書店、1998、pp. 85-88。
20 　江淵、前掲書、pp. 67-68。
21 　加賀美常美代『多文化社会の葛藤解決と教育価値観』ナカニシヤ出版、2007、pp. 3-5。ブリズリンの3条件は、「個人の満足」「現地の人々から受け入れられていると自覚すること」「強度のストレスがなく日常生活が機能できること」である。また、上原の規定は、「異文化適応を個人が異文化で心身ともに概ね健康で、強度なストレスもなく、日常生活を送れ、滞在目的が達成でき、自他共にその個人の行動に大幅な逸脱行動がないと知覚する状況」である。
22 　斉藤耕二「帰国子女教育の適応・人格形成・日本語習得に関する研究」東京学芸大学海外子女教育センター編『国際化時代の教育』創友社、1986、pp. 244-275。
23 　斉藤耕二「アカルチュレーションの心理学」中西晃編著『国際教育論』創友社、1993、pp. 236-249。
24 　小林哲也『国際を考えるシリーズ　第1号　海外・帰国子女の適応と不適応』東京国際大学国際交流研究所、1984、pp. 3-18。
25 　秋山剛「異文化における適応と精神障害」渡辺文夫・高橋順一編『地球社会時代をどう捉えるか』ナカニシヤ出版、1992、pp. 38-56。
26 　佐藤郡衛「在日外国人児童・生徒の異文化適応とその教育」江淵一公編著『トランスカルチュラリズムの研究』明石書店、1998、pp. 479-498。
27 　宮島喬・太田晴雄「外国人の子どもと日本の学校―何が問われているのか」宮島喬・太田晴雄編『外国人の子どもと日本の教育―不就学問題と多文化共生の課題』東京大学

出版会、2005、pp. 1-13。
28　太田晴雄「日本的モノカルチュラリズムと学習困難」宮島喬・太田晴雄編『外国人の子どもと日本の教育―不就学問題と多文化共生の課題』東京大学出版会、2005、pp. 57-75。
29　児島明「差異をめぐる教師のストラテジーと学校文化―ニューカマー受け入れ校の事例から」『異文化間教育』16号、異文化間教育学会、2002、pp. 106-120。
30　恒吉僚子「教室の中の社会―日本の教室文化とニューカマーの子どもたち」佐藤学編『教室という場所』国土社、1995、pp. 185-214。
31　皆で一緒に、苦手でも嫌でも頑張って、困難を克服することに意義があるというような考え方であり、恒吉は、まさに日本の企業組織などをも特徴づけてきたものであると考えられると述べている。
32　小林哲也「定住外国人等の教育」『国際化と教育―日本の教育の国際化を考える』放送大学教育振興会、1995、pp. 95-106。
33　森茂岳雄「多文化共生教育の実践的課題」『兵庫教育』612号、兵庫県立教育研究所、2002、pp. 8-15。
34　森茂岳雄「多文化教育学校をつくる―文化的多様性を尊重する学校づくり」『学習研究』411号、奈良女子大学付属小学校、2004、pp. 56-61。
35　松尾知明「アメリカにおける多文化教育政策の類型と現状」『異文化間教育』7号、異文化間教育学会、1993、pp. 128-141。
36　松尾知明「外国人児童生徒教育の現状と課題」『浜松短期大学研究論集』56号、浜松短期大学、2000、pp. 145-163。
37　太田晴雄『ニューカマーの子どもと日本の学校』国際書院、2000。
38　太田は、以下のような外国人児童・生徒の語りを取り上げ、彼らの思いに迫ることを試みている。「ケンカしたわけを先生に説明しろって言われても、日本語わからないもんで、そんなにうまく説明できんし、こっちの方が悪いみたいになる。日本人の生徒の説明だとね。それで、先生に嫌われてしまう」「（教師のうち何人かは）ケンカの後すぐに、日本人の生徒の方じゃなくて、こっちに怒ってきたりした。こっちは別に、最初は悪いことしてないのに・・・何かやる気なくなる」「先生の教育の仕方、ちょっと変えた方がいいかなと思うんだけど。どこか外国に留学してみればわかると思う。向こうの学校とか見て、たとえば、国際学級の担当の先生になるんだったら、その言葉の勉強だけじゃなく、向こうの環境というか、いろいろ見てほしいと思う。ペルーと日本の違うところをみて、それで私たちの思っていることをわかってほしい」（ペルーから来日：pp. 130-132）。
39　太田晴雄「ニューカマーの子どもの学校教育―日本的対応の再考と多文化教育」江原武一編『多文化教育に関する総合的比較研究―公教育におけるエスニシティへの対応を中心に』京都大学教育学部、1998、pp. 193-208。
40　森茂岳雄「特定課題研究　多文化共生をめざすカリキュラムの開発と実践―学会・学校・教師の取り組み」『異文化間教育』30号、異文化間教育学会、2009、pp. 25-41。
41　佐久間孝正『外国人の子どもの不就学』勁草書房、2006。
42　加賀美常美代「異文化接触における不満の決定因―中国就学生の場合」『異文化間教育』8号、異文化間教育学会、1994、pp. 117-126。

43　岩田・石井、前掲書、pp. 143-194。
44　志水宏吉・清水睦美編著『ニューカマーと教育―学校文化とエスニシティの葛藤をめぐって』明石書店、2001。
45　志水・清水、同上、p. 368。
46　志水・清水、同上、p. 113。
47　佐藤郡衛「外国人児童・生徒教育の現状と課題」『児童育成研究』12号、日本児童育成学会、1994、pp. 2-13。
48　佐藤、同上、p. 7。
49　佐藤、同上、pp. 10-11。
50　佐々木光明・阿久澤麻里子「マイノリティの子どもたちと教育」中川明編『マイノリティの子どもたち』明石書店、1998、pp. 63-116。
51　マイノリティの子どもが、自己の言語、文化の維持など権利主体としては登場していないといわれてはいるものの（岩田・石井、前掲書、p. 157）、第１章「外国人児童生徒に対する教育の考え方」の中の２節「外国人児童生徒に対する理解」の部分に記されている、「教師自身が外国人児童生徒が育った国の文化、宗教、生活習慣などに興味・関心をもち、理解に努めることが大事」「外国人児童生徒の言動は、それぞれの国で培われた文化を背景にしていることを十分に理解したうえで指導していかなければならない」「日本の児童生徒とは異なった言動をとることも多いが、それを無理に学校の規範や秩序にあわせようとする指導は避けなければならない」など、教師の資質にかかわる部分で重要な指摘も多い。
52　恒吉、前掲書、pp. 207-208。
53　田渕五十生「日本の教師教育と異文化間教育」『異文化間教育』25号、異文化間教育学会、2007、pp. 45-57。
54　新倉涼子「外国人児童・生徒の受け入れに関わる教師の意識」『千葉大学教育実践研究』9号、千葉大学教育学部附属教育実践総合センター、2002、pp. 221-229。
55　結城恵「多文化地域に直面する教員養成―求められる地域と大学との連携」『日本教師教育学会年報』12号、日本教師教育学会、2003、pp. 61-66。
56　小野由美子・渡邊理絵・吉武芳彦・冨永みどり・坂本恵子「教員養成学部生にみる異言語・異文化の児童生徒の理解―日米比較から見えるもの」『鳴門教育大学学校教育研究紀要』22号、鳴門教育大学、2007、pp. 59-66。
57　森茂岳雄「グローバル時代における教員養成大学生の異文化認識と教員養成の課題」『探究』15・16合併号、愛知教育大学社会科教育学会、2004、pp. 26-31。
58　森茂岳雄「アメリカにおける多文化教師教育の展開と課題―日本の教師教育に示唆するもの」『異文化間教育』25号、異文化間教育学会、2007、pp. 22-34。
59　松尾知明「多文化教育と教師教育―アメリカ合衆国における動向と現状」江淵一公編著『トランスカルチュラリズムの研究』明石書店、1998、pp. 344-362。
60　田渕、前掲書。
61　所澤潤「群馬県太田・大泉の小中学校国際化の実態と求められる教員資質の総合的研究」（研究課題番号：11410069　1999年度～2001年度）。
62　所澤潤・古屋健「地域の国際化による日系南米人増加の実態をふまえた教員養成シス

テム導入のための研究」(研究課題番号：15330162　2003年度〜2005年度)。
63　新倉涼子・相磯友子・長島田鶴子・潤間和子・下島泰子「文化的多様性に対する教師教育」『千葉大学教育実践研究』16号、千葉大学教育学部附属教育実践総合センター、2009、pp. 55-61。
64　教師の共存の理念や姿勢、さらに異文化資質は子どもの異文化への態度や行動を大きく左右するにもかかわらず、外国人児童・生徒の受け入れに当たり、教師自身への資質向上や異文化対処能力の育成に焦点が当てられなかったとの課題意識と、外国人児童・生徒を実際に受け入れている教師へのインタビュー調査から12の課題を導き、その課題から想定される教員研修プログラムを提案している。新倉涼子「異文化間教育と教員研修の課題—外国人児童・生徒を受け入れる教師の資質向上をめざして」『千葉大学教育実践研究』14号、千葉大学教育学部附属教育実践総合センター、2007、pp. 115-120。
65　田渕、前掲書、p. 47。
66　渡辺、前掲書、p. 84。
67　渡辺、同上、pp. 87-89。
68　横田雅弘「留学生の適応と教育」江淵一公編『異文化間教育研究入門（オンデマンド版）』玉川大学出版部、2007、p. 69。
69　Berry, et al.、前掲書、pp. 290-291。
70　Berry, et al.、同上、pp. 278-282。
71　佐藤郡衛「在日外国人児童・生徒の異文化適応とその教育」江淵一公編『トランスカルチュラリズムの研究』明石書店、1998、p. 484。
72　佐藤郡衛『国際化と教育』放送大学教育振興会、1999、pp. 78-81をもとに筆者がまとめたもの。
73　浜松市国際課『外国人の子どもの教育環境意識調査報告書』浜松市国際課、2005、p. 10。
74　全関西在日外国人教育ネットワーク編『ちがうことこそすばらしい！子ども作文集　届け！私の思いⅡ』全関西在日外国人教育ネットワーク、2006、p. 1。
75　全関西在日外国人教育ネットワーク、同上、p. 8。
76　メリアム，S. B. 著、堀薫夫・久保真人・成島美弥訳『質的調査法入門—教育における調査とケース・スタディ』ミネルヴァ書房、2004、pp. 164-197。
77　松島恵介「テクスト分析」やまだようこ編『質的心理学の方法』新曜社、2007、p. 163, pp. 174-175。
78　第26条
・すべて国民は、法律の定めるところにより、その能力に応じて、ひとしく教育を受ける権利を有する。
・すべて国民は、法律の定めるところにより、その保護する子女に普通教育を受けさせる義務を負ふ。義務教育は、これを無償とする。
79　『ジュリスト』1398号（2010年4月10日）より。
80　衡平原則については、タイラー，トム・R．／ボエックマン，ロバート・J．／スミス，フェザー・J．／ホー，ユエン・J．著、大渕憲一・菅原郁夫監訳『多元社会における正義と公正』ブレーン出版、2000、pp. 54-59も参考にした。
81　井上達夫編『公共性の法哲学』ナカニシヤ出版、2008、pp. 10-22。

第 1 章

外国人児童・生徒の状況

第 1 節　統計資料に基づく外国人児童・生徒の状況

　第 1 章では、外国人児童・生徒が置かれている状況を見ていきたい。まず、第 1 節では、統計資料をもとに、日本に滞在する外国人および外国人児童・生徒の概況を捉えることとする。

1．日本における外国人[1]

　2014 年末現在の在留外国人数[2] は 212 万 1831 名で、過去最高を記録した 2008 年末（214 万 4682 名）と比べ若干減少しているが、2000 年末に比べ 33.1 ％、さらに 1995 年末に比べ 63.7 ％の増加となるなど依然として高い数字を維持している。また、在留外国人数の日本の総人口に占める割合は、総人口 1 億 2708 万 3000 名の 1.67 ％に当たり、2013 年末の 1.62 ％と比べ 0.05 ポイント高くなっていると同時に、この総人口に占める割合は、2008 年末と並ぶものである。

　さらに、2014 年末における在留外国人数について国籍・地域別に見ると、中国が 65 万 4777 名で全体の 30.9 ％を占め、以下、韓国・朝鮮 50 万 1230 名（23.6 ％）、フィリピン 21 万 7585 名（10.3 ％）、ブラジル 17 万 5410 名（8.3 ％）、ベトナム 9 万 9865 名（4.7 ％）と続いている。なお、推移の特徴としては、中国は、2011 年以降減少傾向が続いていたが、2014 年末は 2013 年末と比べ 5699 名（0.9 ％）の増加に転じた。また、韓国・朝鮮は引き続き減少傾向にあり、フィリピンは昨年比増加、ブラジルは 2007 年末をピークに減少傾向が続いている。他方ベトナムは 2010 年以降増加を続け、2014 年末は 2013 年末に比べ 2 万 7609 名（38.2 ％）増となっている。

一方、2014年における専門的・技術的分野での就労を目的とする在留資格（「外交」、「公用」および「技能実習」を除く）による新規入国者数は6万7086名であり、2013年と比べ3214名増加している。背景には、2008年のリーマン・ショック、2009年の世界的景気後退の影響もあり、一時的に減少していた「技術」の在留資格による新規入国者数が、2011年から増加に転じ、近年増加傾向で推移していることなどが指摘されている。さらに、2014年末現在の在留外国人数のうち最も多いのは、「永住者」（特別永住者を除く）で、全体の31.9％を占めている。2010年末からの推移を見てみると一貫した増加が認められるとともに、2010年末に比べると11万名以上の増加が認められる。「永住者」を国籍（出身地）別で見ると、2014年末では中国が21万5155名と最も多く、以下フィリピン、ブラジル、韓国・朝鮮、ペルーの順となっている。そして、2006年まで最大構成比を占めていた「特別永住者」の数は年々減少している。その要因として、「特別永住者」の数自体の減少と新たに来日した外国人（いわゆるニューカマー）の増加による相対的な低下が指摘されている。

　これらの統計データから、日本社会における外国人をめぐる状況が、景気後退等の社会・経済的影響を受けることがわかる。また、傾向としては、永住者が増加していること、日本に滞在する主な外国人グループの国籍は、中国、韓国・朝鮮、フィリピン、ブラジルであることがわかる。

　また、「都道府県別年齢・男女別在留外国人（総数）」をもとに、5歳から14歳までの学齢期にある在留外国人数を集計すると、最も多かったのが、東京都の2万2745名であり、愛知県（1万5213名）、神奈川県（1万848名）、大阪府（8935名）、埼玉県（7917名）と続くことがわかる[3]。

2．日本における外国人児童・生徒

　外国人児童・生徒に関しては、文部科学省が出している「日本語指導が必要な外国人児童生徒の受入れ状況等に関する調査（平成26年度）」[4]が参考になる。2014年度、公立学校に在籍している外国人児童・生徒数（小、中、高、特別支援学校の合計）は7万3289名であり、前年度7万1789名であったのに対

し微増している。2004年度からの数字を追ってみると、7万345名（2004年度）から、6万9817名（2005年度）へと比較的小さな幅で減少が認められた後は、7万名以上を保っている。

　日本語指導が必要な外国人児童・生徒のデータに限定すると、2014年度は2万9198名（対2012年度比2185名増）である。2008年度より減少傾向にあったが、2014年度は増加に転じた。また、日本語指導が必要な外国人児童・生徒が在籍する公立学校数は、2014年度6137校で、前回調査時の2012年度より373校増加した。さらに、「1名」在籍校が全体の4割以上を占め、「5名未満」在籍校が全体の8割近くを占めることから、外国人児童・生徒が、多数の日本人児童・生徒の中できわめて小さいグループとして存在するケースが多いことがわかる。また、日本語指導が必要な外国人児童・生徒の都道府県別在籍状況（小、中、高、特別支援学校の合計）を見ると、上位から、愛知県（6373名）、神奈川県（3228名）、静岡県（2413名）、東京都（2303名）、三重県（1920名）、大阪府（1913名）と続く。前項の、5歳から14歳までの学齢期にある在留外国人のデータを併せ見ると、東京をはじめ、多くの日本語を話せる外国人児童・生徒が存在していることが読み取れる。

第2節　外国人児童・生徒の教育環境と意識

　序章第2節で見たように、教師への聞き取り、アンケート調査、参与観察、あるいは制度分析など、これまでも外国人児童・生徒教育にかかわる研究は多く行われてきている。しかし、佐久間が指摘するように、教育界は異文化間教育や多文化教育が叫ばれる割に、異質なものへの取り組みは遅れている[5]。そのような状況の中で、外国人児童・生徒は日本の学校という異文化の中でどのような現実に直面しているのだろうか。

　これまで、外国人児童・生徒自身の語りを扱った研究は少ない[6]。しかし、外国人児童・生徒自身の語りを拾い上げることで、実態により即した状況把握や外国人児童・生徒が異文化適応にかかわり何を求めているのかの把握が可能となると考えられる。したがって、本研究では、外国人児童・生徒自身

の言葉を分類・分析の対象とする。そして、分類・分析の対象としては、外国人児童・生徒の悩みを受け止めようという目的で[7]、全関西在日外国人教育ネットワークが主催し、大阪府教育委員会、奈良県教育委員会、兵庫県教育委員会、京都府教育委員会、京都市教育委員会、神戸市教育委員会、大阪市教育委員会などがかかわり実施されてきた事業である「ちがうことこそすばらしい！子ども作文コンクール」の作文を選択した。これらの作文は、10年にわたり収集されたものであり、『届け！私の思い～「ニューカマー」の子どもたちの声～』『ちがうことこそすばらしい！子ども作文集　届け！私の思いⅡ』というタイトルの2冊の冊子に収められている。コンクールに出され、かつ選ばれた作文であるという性質上、これらの作文が全ての外国人児童・生徒の気持ちを代表するものであるとすることはできないが、「排除の意識を感じている彼らの悩みを受けとめよう」という事業目的からも、日本の学校における適応に課題を抱えている外国人児童・生徒が何に悩み、不安を感じているのかを探ることができると思われる。

　浜松市で行われた「外国人の子どもの教育環境意識調査」においても、「あなたのお子さんは公立小中学校のどんなところが嫌いですか」との問いに対して、「差別やいじめ」と回答している割合は26.5％にのぼっている。そして調査報告書では「（親は「帰国志向」を理由に日本の教育を希望しないものが最も多いのに対し）子どもに関しては、学校生活における障害が上位を占めており、公立学校での対応が求められる」と分析されている[8]。さらに、三重県教育委員会から出されている「外国人等児童生徒の人権に係わる教育指針」においても、「学校生活の状況」について、「在日外国人等の歴史的背景やそれぞれの国の文化・習慣への理解・認識が不十分なことから、偏見や差別意識が存在している」「そのため在日外国人等の子どもの中には、民族や自国に対して愛着をもてなかったり、学校生活や社会生活において不安を感じたりしている場合が多い」とされている[9]。このように、学校における差別の存在やそれに伴う不安感など、外国人児童・生徒が日本の学校において課題を抱えている状況を示す調査結果が存在する。

　このように、差別や不安を示す客観的なデータは示されているものの、具

体的にどのような差別に直面し、どのような不安を抱えているかは、これまでの調査報告では明確ではない。そこで、ここでは作文集を用いて外国人児童・生徒の直面している教育環境と意識により深く接近していきたい。分析に当たっては、まず、2冊の作文集に収録されている104編の作文について、内容に即し6つのカテゴリー（①被差別体験、②将来の夢・希望、③家族〔特に親〕の置かれた過酷な状況、④支えとなった〔なっている〕こと、⑤学習面についての悩みや不安、⑥その他）に整理、分類した。このカテゴリーの形成に際しては、元の文脈の意味を失うことなく、文字データに含まれる情報を圧縮することに留意した。手順としては、はじめに一次テクストとしての104編の作文全てを読み込んだ後、それぞれの作文を要約した。その後、再度作文を読み込む作業を行い、併せて要約された情報を確認しつつ、内容に即して仮説的な類型を産出する作業を繰り返し、最終的に有意味なまとまりであるカテゴリーを形成した。カテゴリーに関しては、「状況の変化によってカテゴリーは拡張したり変化したりする」[10]といわれており、厳密な分類の難しさが指摘されている。また、ここでのカテゴリー形成は、研究目的に照らして重要なストーリーを含むものを意味のある語りとして選択する前段階としての、作文集全体の内容把握を目的としているため、あまり細かく分類することはせずに、5つのカテゴリーに加えて「その他」というカテゴリーを形成することとした。その結果、上に挙げた、①被差別体験、②将来の夢・希望、③家族（特に親）の置かれた過酷な状況、④支えとなった（なっている）こと、⑤学習面についての悩みや不安、⑥その他、という6つのカテゴリーが形成された。

　カテゴリー形成の後、個々の作文の帰属について判断する作業であるカテゴリー化を行った。作文の内容によっては、複数のカテゴリーに同時に帰属すると考えられるものもあったため、そのような作文については、あてはまるカテゴリー全てに帰属するものとして扱うこととした[11]。

　第1項において「被差別体験」を、第2項において「支えとなったこと」を取り上げ、内容の分析と考察を行う。この2項目を取り上げる理由は、前者が外国人児童・生徒の学校における適応を妨げている要素と考えられ、後者が学校における適応を促進している要素と考えられるからである。つまり、

適応を妨げている要素を取り除き、適応を促進している要素を強化することにより、彼らの適応促進に効果がもたらされると考えた。そして、第3項においては、なされた分析と考察に基づき、外国人児童・生徒の置かれた状況を、彼らが何を必要としているかという視点から論じていく。さらに第4項において、外国人児童・生徒の必要とするものに応えることが、日本人児童・生徒にとってどのような意味を持ち得るのかについて考察する。

1. 外国人児童・生徒の「被差別体験」

　外国人児童・生徒の全作品を通してまず気がついたことは、「被差別体験」にかかわる語りの数の多さであった。被差別体験にかかわる作文は、『届け！私の思い～「ニューカマー」の子どもたちの声～』においては、小学校の部20編中9編、中学生の部18編中9編、高校生の部25編中17編であり全体に占める割合は56％余りと過半数を占めた。また、『ちがうことこそすばらしい！子ども作文集　届け！私の思いⅡ』においては、小学校の部15編中4編、中学生の部11編中5編、高校生の部15編中9編であり、全体に占める割合は約44％であった。2冊を合計すると、104編中53編と、半数以上の外国人児童・生徒が被差別状況について語っていた。外国人児童・生徒の語りからは、教室内には厳しい差別と偏見が存在していることが窺われる。佐藤は、ベリーらのいう、「外国人児童・生徒が自国の文化的アイデンティティや特性を保持すること」が困難であり、かつ「異文化の集団と関係を保持すること」ができない「境界化」という状況にある外国人児童・生徒が多いと指摘しているが、このような被差別状況に置かれていることは、文化の「階層化」に起因する無形の「同化圧力」の存在を示唆し、「境界化」を引き起こすことが予測される。以下、外国人児童・生徒の具体的な記述をもとに考察を進める。

（1）文化を標的にした差別

　以下の具体的な記述も含め、外国人児童・生徒の被差別体験は、彼らの国籍や言語、名前、あるいは育った環境、独自の食文化など、主に少数派であ

第1章　外国人児童・生徒の状況

る外国人児童・生徒の文化的背景がターゲットにされたものであるといえる。差別は無根拠に成立するものであるといわれるが[12]、下記のケースでも多数派にとっての「自分たちと違う」という事実のみが、排斥の基準になっている現実が見て取れる。多数派である日本人児童・生徒が無意識のうちに自分たちの国籍や言語、あるいは食文化などの文化を優越するものであると考え、日本人児童・生徒の中でのみ合意が形成されているといえるだろう。このように、外国人児童・生徒が、「日本の学校」という環境に入り、その環境への適応に課題を抱える背景、あるいは原因として、クラスでともに学ぶ日本人児童・生徒の自文化中心主義に基づく差別があることが窺われる。自文化中心主義については、第2章第4節で詳述するが、自分自身の文化やその価値が、他の集団の文化や価値よりも優れているとする考え方である。また逆に、人種、ジェンダーなど、あらゆる文化集団への理解と受容を促進することを通して、差別や偏見をなくそうとする教育の総体が多文化教育である。

・中学校の時、授業中に、友達が皆の前で私に、「ラリルレロと言ってみて！」と言ってきました。私は、「ラリルレロ」というと、みんなは打ち合わせをしていたかのように私を取り囲み、「やっぱりな、韓国人ってラリルレロが、言われへんらしいって聞いてん」と言いました。韓国人ということで、バカにされ、見せしめにされました。(「『在日』を考える」：高校)

・私は名前で遊ばれたりするのが一番いやです。一年生ぐらいの時に、クラスの男の子に「キムチ」と何回も言われて泣き出したことがありました。あわててあやまった子もあったけれど、一人の子はと中でふざけて、残りのみんなもふざけてそのまま帰ってしまいました。(「たのしく交流」：小学生)

・そのころ、僕には、クラスで嫌なことが続いていました。中国独特のなまりをからかってくるのは、まだましな方で、時には「中国人、中国帰

49

れ」と、言ってくる子があらわれたのです。今まで、そんなことを言われたことがなかったので、ひどくショックを受けました。僕の名前をもじって「がちょう」[13]と、言ってくることもありました。言い返したくても、言い返せませんでした。もっと言われるようになるのがこわかったからです。―中略―僕は、一人で心の中にかかえこみました。(「二つの名前」: 中学)

　文化について西村は、「(文化は) もともと人間の心が作り出し、その中に人は生きているのである。人は祖先の人々のつくった文化を継承し、その文化の中で生きながらさらに新しい文化を創造して次の世代に伝えていく。―中略―また、それ (文化) によって思考も行動も規定されている」[14]と述べている。人は誰でも、生まれ育った文化の中で思考し、行動している。つまり、言語を習得し、食文化に馴染み、生活習慣も身につけてきているのである。したがって、日本人児童・生徒の自文化中心主義に基づく文化をターゲットにした差別は、外国人児童・生徒に対し彼らの文化にかかわる、間違った、負のレッテルを付与し、結果として外国人児童・生徒の思考や行動の基盤ともいえる文化的アイデンティティを揺るがすことになると考えられる。つまり、「被差別体験」と、佐藤が示した「境界化」との関係を指摘できる。

(2) アイデンティティと承認

　アイデンティティについては、さまざまな論考がある。テイラー (Taylor, C.) は、「アイデンティティとは、ある人々が誰であるかについての理解、すなわち彼らの人間としての根本的で典型的な特性についての理解を意味する。―中略―重要なことは、我々のアイデンティティは部分的には、他者による承認、あるいはその不在、さらにはしばしば誤った承認によって形作られるものであり、したがって個人や集団は、もし彼らをとりまく人々や社会が、彼らに対し、彼らについての不十分な、あるいは品位を落とす、卑劣な像を投影するならば、現実に被害や歪曲を被るということである。不承認や誤った承認は、害を与え、抑圧の一形態となり得、それはその人を、事実に反す

る、歪められ過小評価された存在の中に閉じ込めるのである」[15]と述べている。すなわち、アイデンティティとは、他者との対話的な関係に依存し、重要な他者との接触の過程を通じて形作られ、また歪められもするのである。

さらに石川は、「人は、価値あるアイデンティティを獲得し、負のアイデンティティを返上しようとして、日々あらゆる方法を駆使する。これを『存在証明』と呼ぼう。―中略―差別は人から存在価値を剝奪する。差別を繰り返し被った人びとは、激しい自尊心の損傷を経験する。損傷した自尊心は修復を要求して存在証明に拍車をかける」と述べる。そして、併せて「価値剝奪を被った人びと―〈スティグマを押された人びと〉と呼ぼう―のアイデンティティの政治は、制度化された逸脱の定義の維持・強化に努める人びとの利害と対立する。なぜならば、彼らから価値を奪いスティグマを押し当てようとする人びとは、自分たちの価値を証明するために『逸脱者』を必要としているからである」と指摘している[16]。この石川の言葉からは、アイデンティティをめぐる力学に潜む差別の存在について認識することができよう。アイデンティティとは、他者との関係性において形成され、歪められる。そして、歪められる背景には、「逸脱者」を生み出そうとする差別が存在することもあるのである。

さらに、ここでもう一つ注目しておきたいことがある。アイデンティティの可変性である。テイラー、石川両者の言葉からは、アイデンティティが他者との関係性において作り変えられるものであり、獲得、返上を繰り返せるものであると読み取ることができる。たとえば、下記の記述からもアイデンティティの可変性を読み取ることができる。

・ある日、私は高校の廊下でふと「牛の花輪がなっている…♪♪」と韓国民謡を口ずさんでいました。すると、日本人の友だちが興味を持ってくれました。正直に言うと驚きました。まさか、日本人の子が興味を持つなんて…という感じで。これまで、日本人を警戒して、怖がっていた私が、少しは変わってきた気がしました。(「私の決意」：高校)

・(困っている中国の人がいた時) 友達から「お前、中国語話せるだろう、教えてあげたら」と言われました。私が勇気を出して、中国語で教えてあげたところ、その人はとても喜んで「謝謝」と言って、その場を立ち去りました。友だちからは尊敬の眼差しで見られ、その時、初めて中国語を話せることは恥ずかしいことではないと思いました。(「日本と中国」：高校)

これらの文章からは、差別をされる「しるし／理由」となり得た「文化の相違」（例えば韓国民謡や中国語）が、何かのきっかけで、評価や尊敬の「しるし／理由」に転換されることで、外国人児童・生徒と、他者との関係が変化し、価値あるアイデンティティが形成される可能性が指摘できよう。つまり、差別の対象となっている「文化の相違」は、評価や尊敬の「しるし／理由」に転換され得る。そして、このような転換がなされれば、文化的アイデンティティと特質の維持に働きかけ、異文化適応が促進される可能性があるのだ。

2．外国人児童・生徒にとって「支えとなったこと」

支えとなったことにかかわる作文は、『届け！私の思い～「ニューカマー」の子どもたちの声～』においては、小学校の部20編中11編、中学生の部18編中10編、高校生の部25編中10編であり全体に占める割合はおよそ49％であった。また、『ちがうことこそすばらしい！子ども作文集　届け！私の思いⅡ』においては、小学校の部15編中5編、中学生の部11編中8編、高校生の部15編中13編であり、全体に占める割合は約63％と半数を大きく上回った。2冊を合計すると、104編中57編となり、過半数の外国人児童・生徒が被差別状況にありながらも、それらを克服した経験を語っていることがわかる。何が外国人児童・生徒を勇気づけ、励ますのかを探ることは、「境界化」を避けるための要素を探ることに繋がり、外国人児童・生徒の異文化適応を促進する教師の働きかけを考察するうえで助けとなると考えられる。そこで、外国人児童・生徒にとって、苦難を乗り越える際、支えになったものについて、書かれた内容から大きく5項目（①友だちの存在や対応、②教師か

ら向けられた関心と共感的理解、③ルーツについての学び、④経験や思いを共有できる仲間の存在や集まり、⑤保護者の姿）に分類し、分析することとする。

（1）友だちの存在や対応

　前項において、「クラスでともに学ぶ日本人児童・生徒の自文化中心主義に基づく差別」の状況を明らかにしたが、数は少ないものの逆に友だちの存在や対応により、励まされ勇気づけられた経験を書いている外国人児童・生徒もいる。下記の外国人児童・生徒の言葉からは、クラスでともに学ぶ日本人児童・生徒の中には、差別意識が薄い、あるいは持たない子どもたちが存在し、その存在や対応が外国人児童・生徒を支えていることが窺われる。「中国へ帰れ」といわれて泣きそうになっている友人や、「あの二人と仲良くしたら、いじめられるで」と、周りからいわれている友人に対し、ただ傍観するのではなく、声をかけたり、友人であり続けるという行動を伴っている点が注目される。ラカー（Laqueur, T. W.）は、それが誰であれ、責め苛まれているのを耳にするのは辛いことであり、このような直接的でローカルな同感能力を「道徳的想像力」という言葉で表現しているが[17]、このような子どもたちは、「道徳的想像力」を有し、さらにその想像力に支えられた自律的行動を伴うことで、疎外された外国人児童・生徒に対し包摂のメッセージを伝えているといえる。このような友だちの存在や対応は、学級内の対人関係の意図的・無意図的な「同化圧力」と対極にある行為と解釈される。したがって、外国人児童・生徒の文化的アイデンティティと特質の保持にプラスの効果をもたらすことが期待される。

・「中国へ帰れ」と、言われて泣きそうになっていたとき、Bさんが、「そんなこと気にしたらあかんで」と、言って、ぼくをはげましてくれました。―中略―Bさんがぼくに（ママ）元気づけようとしてくれたから、ぼくは、先生に相談できました。（「相だんしてよかった」：小学）

・二学期になって転校してきたKちゃんと、私とYちゃん（筆者と同じ中

国出身のともだち）はすぐ仲良くなりました。Kちゃんはある子らから、「あの二人と仲よくしたら、いじめられるで」と、いわれました。でもKちゃんは友だちでいてくれます。―中略―こうやって少しずつ友だちをふやしていきたいです。（「友だちをふやしていきたい」：小学）

（2）教師から向けられた関心と共感的理解

　程度の差はあるだろうが、多くの外国人児童・生徒は、日々異なる文化への対応を迫られ、差別にもさらされ疎外感を味わっていると考えられる。そのような状況において、教師が外国人児童・生徒に関心を向け共感的理解を示すことは大きな力となると思われる。人間性心理学のロジャーズ（Rogers, C. R.）は、心理療法の技法として「共感的理解」を提示している。彼は、「他者による繊細で的確な理解は受け手にある種の人間らしさ、アイデンティティを提供するといえます。レインは、『アイデンティティという感覚は、自分を知っている他者の存在を必要とする』と述べています。ブーバーもまた我々の実在が他者によって確認される必要があると述べています。共感性は、個人にアイデンティティを所有する一個の価値ある人間であるという、人間にとって必要な確証を与えます」[18]と述べ、他者による共感的理解の効力について指摘している。教師が、外国人児童・生徒に対し、文化の差異を超えた共感的理解を示す時、外国人児童・生徒が力を得ることが期待される[19]。以下の記述からは、教師の外国人児童・生徒に向けられた共感的理解を読み取ることができる。そしてこのような共感的理解は、教師の持つ適切な「異文化性」の捉え方と解釈され、外国人児童・生徒の「日本の集団との関係性構築」にプラスの効果をもたらすと考えられる。

・何しろ日本語が分からない中で初めてかよった保育所なので、嫌な思いをしたことも多いでした（ママ）。今度の保育所も同じような感じだろうと思って通い始めてしばらくして、田ノ岡先生との出会いが私の気持ちや生活を一変させました。―中略―ある日の自由時間、私が一人で砂山を作っていると、そこへ田ノ岡先生が来て、いろいろ声をかけてくれま

した。その時の私は暗い気持ちでした。どんなことを話しかけられたか覚えていませんが、田ノ岡先生と話していると、自然に気持ちが明るくなり、とても楽しくなってきたのを覚えています。そして、毎日保育所に通うのが楽しみな気持ちに変わっていきました。(「自分らしく生きるということ～人との出会いから学んだこと～」：小学)

・B先生と話をする時、私はB先生に何でも話せた。お互いが思っている立場のことから、あらゆる事までたくさん話をした。自然で気さくな会話だった。私には、今まで自分の立場を話し合える人はいてなかった(ママ)。―中略―私が真剣な気持ちを言ったときは、先生も真剣に返してくれた。そんな先生の思いが、私はとても嬉しかった。先生に本当の気持ちを話すことで、少しずつ自分に素直であれるようになったし、今まで考えてきた少し重い気持が軽くなった。先生は私を支えてくれていた。先生と話していたあの時間はあのときの私にとって、とても必要だったと思う。(「出会いの中で」：中学)

・先生が「無理して日本語学級に来なくていいよ。来れる時でいいから、おいで」と言ってくれたので、すごく気持ちが楽になりました。私の苦しい気持ちを少しでも分かってくれたことがとても嬉しかったです。(「私の家族」：中学)

・放課後、私は先生と話しをしました。その先生は、中学校の時、自分の病気のことを周りに言ったことで、いろんなことが変わったと話してくれました。そして、つらいことは抱え込まないで伝えることが大事だと・・・―中略―次の日の夜、先生が家に来て、一緒にいろいろ考えてくれました。(「私の夢」：中学)

(3) ルーツについての学び

外国人児童・生徒の多くは、祖国や過去と分断されている状況にあるが、

その「分断状況」を「連結」し、エンパワメントする一つのあり方として、祖父母の実体験の歴史や祖国の文化と出会わせて「ルーツ」に繋げることが重要であるとの指摘がある[20]。下記の2つの文章からは、外国人児童・生徒が自分の祖父母の経験や頑張りなど、ルーツについてのさまざまな学びを通し、これまで他者から与えられてきた歪められた承認を自ら否定する力を得た様子が読み取れる。ルーツにかかわる肯定的な学びは、価値あるアイデンティティを獲得し直す契機となり得るといえる。このようなルーツにかかわる学びは、「文化的アイデンティティと特質の保持」に寄与することが期待される。

・日本に初めて来た三歳の時に疑問に思ったことを思い出した。「なぜ、祖父母は、日本人の顔をしているのに、ブラジルで暮らしているのか？」であった。日本人移民の歴史について調べた。日本人たちは、希望を求めて南米へ渡ったこと。その中で、祖父母は、大変な苦労を重ね乗り越えてきたことなど、研究していけばいくほど、自分がひねくれた人間だと言うことを思い知らされた。私は今まで、日本人の顔をしていながらブラジル国籍であり、発音も変で、中途半端な人間だと思っていた。そんなことを考えていた自分が何より恥ずかしく思えた。(「日系ブラジル人としての私の課題」：高校)

・転校して三年生の時に「中国人」と言われました。体がぶつかったときに言ってきました。すごくむかついた。―中略―そして六年生になって、はじめておじいちゃんから話を聞きました。おじいちゃんは、九歳の時に中国に行きました。おじいちゃんのお父さんは兵隊に行って、お母さんは戦争が終わって死にました。―中略―ぼくは、この作文をクラスで読みました。ちょっと顔が赤くなりました。みんなぼくの気持を少しはわかってくれたと思う。―中略―ぼくは、おじいちゃんが小さいころから働いてすごいと思うし、いっぱい苦労をしてきたことがわかりました。そばにいるおじいちゃんのことをぼくは今まで知らなかったけど、ぼく

はおじいちゃんの気持ちは忘れないでおこうと思います。(「ぼくのおじいちゃん」：小学)

(4) 経験や思いを共有できる仲間の存在や集まり

　多数派により無根拠になされる、文化を標的にした差別は、少数派である外国人児童・生徒を孤立させることが少なくない。外国人児童・生徒にとって、同じ思いを共有できる仲間との出会いは、その孤立から救われるという意味で大きな力となるといえる。田渕は、仲間と出会うことで、「自分は一人ではない」と勇気づけられ、親にも教師にもいえない悩みや苦しみを、同じ環境ゆえに打ち明けて理解して励まし合うことができる、と述べている[21]。さらに自分たちの受けている差別は無根拠になされているものであり、不正義であるという事実を再確認するためにも、仲間の存在や集まりの意味は大きいと考えられる。このような観点から、経験や思いを共有できる仲間の存在や集まりは、「文化的アイデンティティと特質の保持」にとり、望ましい効果が期待される。

・私は在日韓国人で、自分自身のことについてどう考えているのか、人権を大切にする会の中で話をしたとき、みんなは真剣に私の話を聞いてくれた。話が終わった後、ある子が、「すごいな。カッコよかった」と言ってくれた。私は、その何気ない言葉が嬉しかった。その子とは、また新しい関係を築いていけた。―中略―他にも、一緒に活動している友だちの、がんばる姿を見ていると、いつも力が湧いてくる。一緒に話をしていると、ほっとする。(「出会いの中で」：中学)

・神戸甲北高校には朝鮮文化研究会があります。今、私はこの朝文研の部長で、みんなの前で、私は在日韓国人ですと堂々と立てますが、入学のころの私には、そんな力は、微塵もありませんでした。ナソ先輩、シリョン先輩、イヨン先輩、ウジャ先輩が、堂々として民族を語っている姿勢が立派で格好よく思え、私もあのようになりたいと思い、ここまで来

たと思います。(「『在日』を考える」:高校)

(5) 保護者の姿

　子どもの健やかな成長には信頼できる大人の存在が欠かせない。そして信頼できる保護者が懸命に生きている姿は、異文化適応の問題に限らず、さまざまな困難に立ち向かう際の力となると考えられる。下記の事例では、外国人児童・生徒が、保護者も異なる環境の中で辛い思いを抱えながら頑張っていることに気づくことを通して、力を得たものといえる。特に2つ目の事例からは、忙しい親の代わりに日常的に夕食を作る役割を果たすという、家庭の社会的、経済的背景もありながら、親の気持ちを受け止めて前向きに頑張ろうとする気持ちが伝わってくる。異文化の中で懸命に生きる保護者の姿は、外国人児童・生徒に対し、「自分だけが大変なのではない」「親を支えるためにも頑張りたい」「親を喜ばすためにも頑張ろう」など、さまざまな意欲を喚起する力があると考えられる。

・母さんが外人だからこんな目にあうんだと、弱かった自分の心は知らぬ間に母を憎み、母を傷つけた。母も母で苦しんでいたのに。日本に来て慣れない環境。誰とも話せない。自分を見る目と聞く言葉は、すべて貶めているように思えたから。それに追い打ちをかけるような私の態度。母とはよく喧嘩して泣いた。そして私は日本人になろうとした。自分の名前のロナルドという部分を封印していた。中学二年生ぐらいまで、生かされているような窮屈な感じだった。このままでいいのだろうか、そう思うようになっていた頃、母がいった。「ごめんね。私、小さいころ恐かったやろ。本当にごめんね」その言葉に私は決めた。自分らしく生きよう、枷をはずそうと。(「私」:高校)

・いつも泣きながら家に帰っていました。―中略―親をすごく恨みました。ぼくたちの気持も考えずに勝手にこんなところに連れてきてと。ある日の夜、今までの思いを伝えようと、親の帰りをずっと待ちました。九時

過ぎ、ぼくは待つのが疲れ、うとうととしていたら、いつの間にか親が帰っていました。お母さんがぼくの用意した晩ご飯を見て、泣きながらご飯を食べていました。そんなお母さんを見ていたら、なかなか言えませんでした。その後、弟の顔を見て泣きながら「不起」、訳したら「ごめんな」という意味です。この言葉はぼくの悩みや苦しさを一気に消しました。そして、お母さんのその涙とその言葉で、ぼくは今までがんばってくることができたのです。(「親の気持ち」：高校)

　以上のことから、外国人児童・生徒にとり「支えとなったこと」は、「境界化」の要因と対極の行動、適切化された異文化性の捉え方、あるいは価値あるアイデンティティの再獲得の契機と解釈され、異文化適応の促進に関連すると思われた。また、外国人児童・生徒を支えた項目の一つである「友だちの存在や対応」に、「道徳的想像力」に支えられた包摂が認められたこと、共感的理解が存在を承認する可能性を有すること、そしてルーツにかかわる学び、経験や思いを共有できる仲間、保護者の姿なども「文化的アイデンティティと特質の保持」や、「日本の集団との関係性構築」に寄与し、異文化適応を促進する可能性が示唆された。

3．外国人児童・生徒の置かれた状況

(1)「境界化」の要因除去の観点から

　第1項において、教室内には文化を標的とした差別と偏見が存在すること、さらにアイデンティティが他者との対話的な関係に依存することから、外国人児童・生徒が負のレッテルを付与されている状況が明らかになった。これは、「文化的アイデンティティや文化的特質を保持すること」を困難にしているメカニズムともいうべきものと考えられる。外国人児童・生徒の訴えに応え、異文化適応を妨げている状況を改善するためには、まず、要因除去の観点から、クラスでともに学ぶ日本人児童・生徒の自文化中心主義への対応が求められる。日本人児童・生徒自身が外国人児童・生徒の文化を承認できるように導く必要がある。そのうえで、日本人児童・生徒と、外国人児童・

生徒との関係を築き直し、初めて外国人児童・生徒が「自国の文化的アイデンティティや文化的特質を保持すること」を価値あることと認識することができると思われる。つまり、多数派である日本人児童・生徒が変わることで状況が改善すると考えられる。

教師は、外国人児童・生徒の「文化的アイデンティティや文化的特質を保持すること」を困難にしているメカニズムを理解したうえで、日本人児童・生徒の意識に働きかける必要がある。日本人児童・生徒の自文化中心主義に基づく差別意識の是正なしに、外国人児童・生徒の訴えに応えることは難しいと考えられる。「境界化」の要因除去の観点からは、日本人児童・生徒の意識変容が必要不可欠と考えられ、ここに教師が働きかける意義を見いだすことができる。

(2) 適応を促進する観点から

「支えとなったこと」の分析・検討を通して、仮説的にではあるが、「友だちの存在や対応」の内実としての「道徳的想像力」に支えられた包摂、共感的理解、ルーツにかかわる学び、経験や思いを共有できる仲間、保護者の姿という5つの要素が、外国人児童・生徒の異文化適応促進において有効であると考えられた。「道徳的想像力」に支えられた包摂と「共感的理解」の行動主体は日本人児童・生徒や教師であるのに対し、「ルーツにかかわる学び」「経験や思いを共有できる仲間」および、「保護者の姿」に関しては、外国人児童・生徒が影響を受け、あるいは双方向的なかかわりを繰り返すものであることから、行動主体は外国人児童・生徒本人と考えられる。したがって、それぞれの項目について、行動主体ごとに分けて論じることとする。

① 「道徳的想像力」に支えられた包摂と「共感的理解」(行動主体は外国人児童・生徒以外)

「道徳的想像力」を考える際、レーヴィ (Levi, P.)[22] の言説が参考になる。彼は、「もし私たちがすべての人の苦痛を感じることができ、そうすべきなら、私たちは生き続けることができない」と述べている。つまり、「道徳的想像力」によって理解できる苦痛は、一部であり限界もある。しかし、「道徳的

想像力」を伴いながら、身近にいる友だちが外国人児童・生徒の痛みに気づき、かばい励ますことで、外国人児童・生徒は支えられていた。また、「共感的理解」については、多分に情緒的な概念であり、明確な定義づけは難しいといえるが、ロジャーズは次のように、「共感」には相手を疎外感から解放し、存在を肯定する力があると主張する。

「第一に、共感は疎外を解き放ちます。しばしの間であろうとも、受け手は人間世界につながった自分を見出します。―孤独でひとりぼっちではないと言える。私は他の人と通じるのだ。ともかく私は人と触れ合えるのだ。私はもうひとりぼっちじゃない。―中略―共感的理解から生じる第二の結果は、受け手が価値、思いやり、存在を受けとめられた感じを持つ事です。―中略―次のようなメッセージが受け手に伝わっていくのです。『この人は私を信用している。私が価値あるものだと思っている。多分、私は何かの価値があるのだろう。私は自分を認めてよいのだろう。自分を大切に思ってよいのだろう』」[23]。

日本の学校文化の中にあっても、つらい思いをしている外国人児童・生徒に気づき関心を示した教師、思いを受け止め真剣に返した教師、苦しい気持ちに寄り添った教師などの存在と、共感的理解と解釈できる対応が、彼らを支え、勇気づけていた。

日本人児童・生徒や教師が、外国人児童・生徒の異文化適応にかかわりとれる行動として、外国人児童・生徒に対し「道徳的想像力」に支えられた包摂への意志を持ち、「共感的理解」を意識することが挙げられよう。

② 「ルーツにかかわる学び」「経験や思いを共有できる仲間」と「保護者の姿」（行動主体は外国人児童・生徒自身）

日々、自分の文化にかかわり負のレッテルを付与されがちな外国人児童・生徒が、「自国の文化的アイデンティティや文化的特質を保持すること」を価値あることと認識する機会は意識的に用意される必要がある。その一つが「ルーツにかかわる学び」である。ブラジル移民を題材とした『蒼氓』とい

う小説に限らず、移民から想起されるのは、一般的には棄民というイメージかもしれない。しかし、例えば日本からブラジルに渡った日本人移民の歴史をひも解けば、誠実に努力し、子どもたちの教育に力を尽くし、差別や偏見に晒されながらもブラジル社会に貢献し、移住先国で信頼を勝ち得ていった、尊敬と称賛に値する事実を知ることができる。このような事実を、まずは外国人児童・生徒自身が知ること、そして知る機会が提供されることが大切だろう。

「経験や思いを共有できる仲間」とは、例えばともにムーラン（ベトナムの獅子舞）を舞い、アリランを歌うことができる。また、仲間の頑張りに励まされ、進むべき道を見つけることもできるかもしれない。「経験や思いを共有できる仲間」には、ありのままの自分を出し承認される安心感がある。本来は、毎日通う学校において実現されるべきことであるが、学校外であっても、このような仲間と出会える場の果たす役割は大きいといえる。仲間と繋がり合えるための情報が、外国人児童・生徒一人ひとりに届く仕組みが整備される必要がある。

「保護者の姿」に関しては、個人的なことであるので一般論として語ることは難しいが、信頼し尊敬できる保護者がいて、愛されている実感を得られている子どもたちが力を得ることは推測される。田渕は、外国人児童・生徒は彼らの親がもっと辛いことを熟知しているため、いじめや差別について親に語ることなく必死で耐えていると述べているが[24]、その強さも愛されている実感に支えられたものと考えられる。移民はかつても、そして現在も国民国家にとっては他者であるといわれる。伊豫谷は、「国民国家が移民を他者化し、労働力としては受入れながらも人間としては排除するという構図は、国民国家である限りかわりはない」[25]と指摘している。多くの外国人児童・生徒の保護者が国民国家に排除されかねない現実と併せ、その状況の中で、子どもたちに愛情を注ぎ、懸命に生きる姿を通して子どもたちとの信頼関係を築いている事実は、敬意を持って認識されてよいと思われる。

以上述べてきた通り、外国人児童・生徒自身が行動主体となるケースにおいては、教師が「ルーツにかかわる学び」の機会を提供したり、「経験や思

いを共有できる仲間」と出会える場の情報を届けるなど、側面からその環境を整えることが可能であると考えられる。

　第1項から本項までは、外国人児童・生徒の置かれた状況を外国人児童・生徒が何を必要としているかという視点から論じてきた。そして、日本人児童・生徒は、外国人児童・生徒が必要とするものに応えるために、自文化中心主義に気づき、他者の文化を承認すること、そして想像力を働かせて外国人児童・生徒の痛みを感じ取ることの有効性を仮説的に提示できた。ではこのように、外国人児童・生徒の求めるものに応えることは、日本人児童・生徒にとって、どのような意味を持つのだろうか。次項では、外国人児童・生徒の必要性に応えることが、多数派である日本人児童・生徒にとってどのような意味を持ち得るのかについて考えていきたい。

4．日本人児童・生徒が外国人児童・生徒の必要性に応える意味

　本項では、日本人児童・生徒にとって外国人児童・生徒の必要性に応える意味とは、どのようなものであるかを考えてみたい。当然、外国人児童・生徒が必要とするものに応える意義は、第一義的には外国人児童・生徒のためといえる。しかしながら、日本人児童・生徒にとっても意味が見いだせるとすれば、外国人児童・生徒の必要性に応えることについてコンセンサスを得るうえで、有意と思われる。

(1) 多文化社会に求められる市民性の獲得

　グローバル化が進展し、あらゆる国と地域で多文化化が進んでいる。ハーバーマス（Habermas, J.）は、「多文化社会において、平等な権利を伴った共存とは、すべての市民が文化的伝統に基づいた差別を受けることなく、あるいは文化的伝統が保たれる世界の中で成長し、また自分の子どもたちをその中で成長させる機会を保証することを意味している」と述べている[26]。つまり、誰もが差別を受けることなく、自分の文化が承認される社会が実現されなければならないのである。そのような社会実現のためにも、そしてそのような

社会の一員となるためにも、自文化中心主義に気づき、それに基づく差別を低減・解消すること、そして他者の文化を承認することは重要なことであり、多文化社会に求められる市民性獲得への一歩と考えられる。

また、キムリッカ（Kymlicka, W.）は、その著書『多文化時代の市民権』の中で、「学校や裁判所や官僚組織での使用言語の決定においてであれ、また、公休日の選定においてであれ、なんらかの民族的次元を持たざるを得ず、政治という営みの持つこうした不可避的な側面のために、多数派民族の成員がきわめて有利な立場におかれている」と指摘すると同時に、その事実を知っておく必要があると述べている。そして、「どのようにして多数派以外の人々を疎外したり不利な立場に置いたりするのかを確認し、そしてそうしたことからいかなる不正義が生ずることもないよう手段をとる必要がある」と論じている[27]。キムリッカの言葉は、何もせずに平等な権利を伴った共存が実現されることはないとの指摘ともとれる。均質性の高い社会である日本に生まれ育っている日本人児童・生徒の多くは、集団間の自由や平等について思考する機会が少ないと考えられる。そして無意識のうちに自文化中心主義に基づく差別的行為を行っていると考えられるが、そのような環境においてこそ、多数派民族の成員がきわめて有利な立場に置かれていることに自覚的になる必要がある。

日本人児童・生徒が、自分自身が持つ自文化中心主義に気づき、他者の文化を承認するということを、クラスでともに学ぶ外国人児童・生徒とのかかわりの中で経験することは、多文化社会に求められる市民性の獲得につながる。外国人児童・生徒の必要性に応えることは、日本人児童・生徒にとり、多文化社会に求められる市民性獲得に向けた実践的な学びの機会と捉えることができるのである。

（2）道徳的想像力

想像力とは外部世界を内側に取り入れることである[28]といわれるが、たとえ相手を理解することはできなくても、相手の立場を想像することはできる。そして想像することで相手との距離が縮まる経験は多くの人が有しているの

ではないだろうか。他者の苦痛への同感能力、つまり「道徳的想像力」には、他者との豊かな関係を築くうえで、大きな可能性がある。この想像力は、外国人児童・生徒に対してのみならず、どのような相手であっても力を発揮するものである。他者の苦痛への同感能力は、他者への尊重の一形態とも考えられる。その意味で、日本人児童・生徒にとって、他者の苦痛への同感能力は、将来出会うであろうあらゆる人びとを尊重しながら、豊かな関係を築くうえで役立つことが期待される。

このように、外国人児童・生徒が必要とするものに応えることは、日本人児童・生徒にとっても、多文化社会に求められる市民性の獲得や、他者との豊かな関係構築に資する可能性を指摘できる。

第3節　外国人児童・生徒の人権の視点から

前節では、外国人児童・生徒自身の作文をもとに、彼らの教室内での状況について論じたが、教室の外での状況はどうなっているのだろうか。本節では、日本という社会における外国人児童・生徒が置かれた状況について、人権の視点から考えていきたい。具体的には、国内法および、世界人権宣言、国際人権規約などの一般的国際人権文書から、彼らの法的地位を明らかにするとともに、具体的な判例を用いて、彼らの状況について論じていく。

本節では、まず第1項において外国人児童・生徒の人権にかかわる国内法、および世界人権宣言、国際人権規約などの一般的国際人権文書を示す。次に第2項において、具体的な外国人児童・生徒にかかわる判例を参考にしながら、彼らの置かれた状況を、人権の視点から論考する。

1．外国人児童・生徒の人権に関連する国内法と国際人権文書

「外国人」といっても、祖父母の代から日本に居住し、日本に生まれ育ったものから、一定期間滞在し帰国を想定しているものまでその実態は多様である。大沼は、外国人の実態が多様であるにもかかわらず、外国人を全て一

律に扱うことの不当性に触れ、併せて外国人に関連する判例についても、外国人の権利制限を根拠づけるに際して、「出入国の公正な管理」「在留外国人の公正な管理」など、法令の一般的な目的条項を引いて、その制限を「当然」「やむを得ない」とするのみで、具体的制約基準を明らかにしてこなかったと指摘している[29]。同様に、外国人児童・生徒も多様であり、一括りにできない現実はあるが、現状としては主に以下の国内法と国際人権文書により、外国人児童・生徒の法的地位が定められている。以下に、国内法と国際人権文書に分けて記し、外国人児童・生徒の人権に関連すると思われる専門的意見などを併せて記述する。

（1）外国人児童・生徒とその教育に関連する主な国内法

ここでは、憲法第14条、憲法第26条、および人権教育及び人権啓発の推進に関する法律について論じる。

憲法第14条第1項では、「すべて国民は、法の下に平等であつて、人種、信条、性別、社会的身分又は門地により、政治的、経済的又は社会的関係において、差別されない」とされ、法の下の平等について定めている。この項の解釈で重要なのは、「すべて国民は」の「国民」を、a. 日本在住の者全てに広めるのか、b. 日本国籍を持つ者に限定するのか、c. 日本国籍を持つ者としたうえで、外国人にも類推適用できるのか、の3つをめぐる議論であると考えられる。これらの3つをめぐる議論のうち、c. に属するものとして、長谷部と小林の指摘が挙げられる。長谷部は、「特段の事情の認められない限り、外国人に対しても類推適用されることを認めている」と指摘し[30]、小林は、「第16条−18条のように『何人も』とはいっていないけれども、とくに外国人を排除したものとはいえないであろう」と述べている[31]。また、憲法第26条第1項では、「すべて国民は、法律の定めるところにより、その能力に応じて、ひとしく教育を受ける権利を有する」とされ、「ひとしく教育を受ける権利」を保証している。小林は、「人種や信条のゆえに入学拒否などの差別を行うことは、本条に反するというべきである」と述べ[32]、その権利が外国人にも妥当することを示唆している。このような長谷部らの考え方

は、「基本的人権の保障は、権利の性質上日本国民のみをその対象としていると解されるものを除き、わが国に在留する外国人に対しても等しく及ぶべきものと解すべき」とした、1978年の最高裁判決以来通説となっている[33]。

人権教育及び人権啓発の推進に関する法律は、2000年12月に施行されたものであり、人権の擁護に資することを目的に、人権教育・啓発の推進に係わる国、地方公共団体および国民の責務を明らかにするとともに、必要な措置を定めている。第2節で扱う判例においてもこの法律の第5条が引用されているだけでなく、この第5条に基づき多くの地方公共団体で、人権教育推進プランなどが策定されており、影響力の強さを認めることができる。

(2) 外国人児童・生徒の教育に関連する主な国際人権文書

国際人権文書の中でも国際人権規約は、世界人権宣言の内容を基礎として、これを条約化したものであり、人権諸条約の中で最も基本的かつ包括的なものである。社会権規約と自由権規約は、1966年の第21回国連総会において採択され、1976年に発効した。そして、日本は1979年に批准している。なお、社会権規約を国際人権A規約、自由権規約を国際人権B規約と呼ぶこともある[34]。そしてその中でも、特に外国人児童・生徒の教育に関連するのは、自由権規約第27条および社会権規約第13条である。

自由権規約第27条では、「種族的、宗教的又は言語的少数民族が存在する国において、当該少数民族に属する者は、その集団の他の構成員とともに自己の文化を享有し、自己の宗教を信仰しかつ実践し又は自己の言語を使用する権利を否定されない」とされ、文化の享有について触れられている。また、社会権規約第13条第1項には、「この規約の締約国は、教育についてのすべての者の権利を認める」との記述がある。

これらAB両規約とも、国籍による差別を禁ずるものであり、かつ裁判規範性を有する。また、これらの条約が国内法令に優先することは日本の学説判例上確立しており、上記条約の規定する権利については、一般外国人に対しても国民との非差別処遇が原則的に要求されるとの指摘もなされている[35]。

児童の権利条約は1990年に発効し、日本は1994年に批准している。第

30条には、「少数民族に属し又は原住民である児童は、その集団の他の構成員とともに自己の文化を享有し、自己の宗教を信仰しかつ実践し又は自己の言語を使用する権利を否定されない」とある。また、人種差別撤廃条約は1969年に発効し、日本は1995年に加入している。第2条第2項には、「個人、集団又は団体による人種、皮膚の色又は種族的出身を理由にしたいかなる差別に対しても、国はその警察活動その他の措置によりこれを奨励、擁護又は支持してはならない」との記述がある。

2．マイノリティの教育権にかかわる判例[36]

2008年11月27日、大阪高裁においてマイノリティの教育権にかかわる判決が下された。この判決は、日本における外国人児童・生徒の教育に関するものだが、国際人権AB規約など、国際人権文書などが判断の材料とされた。したがってこの判例は、それら法文の解釈のあり方から、教育という領域を超えて、外国人児童・生徒が日本という社会の中でどのような位置づけとして捉えられているのか、あるいはいかなる関心を向けられているのかを人権の視点から判断するうえで有意と考えられる。判例とは、裁判の先例のことであり、裁判所が特定の訴訟事件に対して下した判断であるが、今後類似の裁判が起こった場合、判断の基準ともなる。その意味でも、今回の判決は注目に値すると考えられる。以下に事実の概要と判旨を記し、そこから読み取れる外国人児童・生徒の置かれた状況について論じる。

（1）事実の概要

この裁判の原告は、本人または親の国籍が日本以外、あるいは民族的出自が日本以外の子どもたちである。高槻市は、1967年に始まった在日韓国・朝鮮人子ども会の活動を受け、1985年に、学校子ども会、地域子ども会、日本語識字教室を主な内容とする「在日韓国・朝鮮人教育事業」を発足させた。当初は、彼らの民族的アイデンティティの確立を目指した事業であったが、時代の流れや国際化の進展に伴い、国籍や民族の違いを越えて、異なる文化や生活習慣、価値観を互いに理解し合う日常的な交流の場作りを支援す

る「多文化共生・国際理解事業」とした。しかし2002年以降、十分な代替措置もなく従来の事業を廃止・縮小した。

　原告らは、マイノリティの教育権を「公の費用負担のもと、マイノリティとしての教育を受け、マイノリティの言語を用い、マイノリティの文化について積極的に学ぶ環境を享受できる権利」と定義し、これが国際人権規約やその他の条約等により保障されており、高槻市による事業の廃止・縮小は、この権利を侵害するとして、国家賠償法に基づく慰謝料の支払いを求めた。原審では（大阪地裁：平成20年1月）、マイノリティとしての教育を受ける具体的な権利性は認められないとして請求が棄却されたため、原審の結果を不服とした原告が控訴したものである。

(2) 判　　　旨

　この裁判は、再び原告の要求が退けられ控訴棄却となった。裁判では、主に「人権諸条約等におけるマイノリティの教育権の存否」と、「高槻市による原告らの権利・利益の侵害の存否」の2点について検討された。判決は長文にわたるが、ここでは桐山の整理に基づき、判旨を要約する[37]。

1) 人権諸条約等におけるマイノリティの教育権の存否

　①　自由権規約については、「国内法による補完・具体化がなくても、内容上そのままの形で国内の裁判所等の判断根拠として適用できる」とされる自律執行力[38]がないと考えるのが相当である。また、自由権規約第27条の「権利を否定されない」という文言から、締約国に対し、本条の定める権利を侵害しない義務を課したものと解釈される。したがって、それ以上に、国家による積極的な保護措置を講ずるべきとの義務を認めたものとまでは解釈しづらい。

　②　国連総会決議であるマイノリティ権利宣言などは、自由権規約第27条の定める権利について、締約国に積極的な保護措置を講ずる義務を定めているが、それらの文書は、いずれも日本に対して法的拘束力を有してはいない。したがって、自由権規約第27条は、国家に積極的な行為を求めるようなマイノリティの教育権を保障するものではない。

③　社会権規約第13条は、締約国がこの権利の実現に向けて積極的に政策を推進するという政治的責任を負うことを宣言したものであって、個人に対し具体的権利を与えることを定めたものではない。したがって、社会権規約第13条から直ちにマイノリティの教育権という具体的な権利が保障されていると認めることはできない。

　④　児童の権利条約第30条は、自由権規約第27条と同じように、「権利を否定されない」とするものであって、国家に積極的な行為を求める権利を保障するものではない。

　⑤　人種差別撤廃条約第2条第2項は、締約国がそのような権利の実現に向けた積極的施策を推進するという政治的責任を負うことを定めたに過ぎない。したがってこの規定から直ちにマイノリティの教育権という具体的な権利が保障されていると認めることはできない。

　⑥　憲法第26条が、直ちにマイノリティとしての教育を受ける権利までを想定しているとはいえない。また、憲法第26条第1項および旧教育基本法第3条第1項は、国の責務について、いずれも理念を掲げているに過ぎない。そして人権教育及び人権啓発の推進に関する法律第5条の規定から直ちにマイノリティの教育権という具体的な権利が保障されているとは認められない。

2）高槻市による原告らの権利・利益の侵害の存否

　①　高槻市が、人権教育及び人権啓発の推進に関する法律第5条に基づき策定した、人権教育基本方針（1998年）・人権教育推進プラン（2000年）は内部の行動指針に過ぎず、行政機関を法的に拘束するものではない。また、条約に基づく義務を履行するために実施した措置について後退的な措置をとることは許されないと主張する、社会権規約委員会の一般意見3は、法定拘束力を持たない。したがって、これらの事業によって原告らが具体的な権利を取得したものではなく、得た利益は、事実上の利益に過ぎない。

　②　マイノリティの教育権に具体的権利性が認められない以上、本件事業の廃止・縮小による権利・利益の侵害が存在するとは考えられず、本件事業の廃止・縮小の違法をいう原告らの主張には理由がない。

（3）外国人児童・生徒の状況―人権の視点から

　ここでは、控訴棄却という結果、および判旨などから教室外における外国人児童・生徒の置かれた状況について読み取っていきたい。

　上記裁判においては、自由権規約の自律執行性は認められず、自由権規約第27条の「権利を否定されない」という文言からして、国家による積極的な保護措置を講ずべき義務まで認めたものとは解しがたく、マイノリティ権利宣言、社会権規約第13条、児童の権利条約に照らしても、具体的な権利が保障されていると認められないとされた。また、憲法第26条第1項により「国は、国民の教育を受ける権利が現実に保障されるよう教育制度を維持し、教育条件を整備すべき法的義務を負うものであるが、これが直ちに原告らの主張するようなマイノリティとしての教育を受ける権利までを想定して規定されているとはいえず」また、同条同項および旧教育基本法第3条第1項は「国の責務について、いずれも理念を掲げるにすぎず、―中略―原告らが主張するようなマイノリティの教育権という具体的な権利を直接保障していると認めることは困難である」との解釈がされた[39]。

　このような判旨について、自由権規約の自律執行性については、1994年の大阪高裁判決（指紋押捺拒否判決）以来、日本においても認める裁判例が増えてきているとの指摘や、マイノリティの権利をめぐる国際文書についても、条約規定の解釈について権威を有する国際機関が、統一性を持たせようとする努力を、形式的に退ける態度が妥当であるかとの疑問を呈する専門家もいる[40]。人権教育及び人権啓発の推進に関する法律も、AB両規約をはじめとする国際人権文書も、その制定の目的に立ち返れば、この判例における外国人児童・生徒の人権の捉え方の消極性に、改めて気づかされる。さらに、「権利を否定されない」という文言の解釈にとどまり、内容に踏み込んだ判断をすることなく、「国家は権利を保障するものではない」との論を導く一連の流れからは、原告の必要性を汲み取ろうとする意志や関心も認めることはできない。しかしながら、司法には条文に書かれていないことを積極的に義務づける権限がないことも事実である。したがって本件の問題の解決には、この裁判の原告である、「本人または親の国籍が日本以外、あるいは民族的出

自が日本以外の子どもたち」が、マイノリティの言語を用い、マイノリティの文化について学ぶことができる環境を整えるための所要の立法が望まれる。立法や司法のあり方は、社会の価値観あるいは本質を映す鏡でもある。現在の日本においては、外国人児童・生徒の人権に対する捉え方は消極的であり、彼らの人権に関する意識・関心は希薄であることが示唆されたといえる。

　日本においては、少数者の文化とのせめぎ合いや軋みが可視化されることなく、最近まであたかも日本が単一民族社会であるかのような考え方が一部にはあったといわれているが[41]、そのような考え方が、外国人児童・生徒の人権に対する意識・関心の希薄さの背景として指摘できる。単一民族神話は、「他者の不在」を前提にして初めて成り立つものと考えられる。他者の存在を認め、その権利に対する意識や関心があれば、このような「神話」は存在し得ないといえるからである。移民を受け入れているいくつかの国では、社会的少数者の人権に対し、意識・関心を向けざるを得ない状況にあり、内容に踏み込むことなく、文言の解釈だけで判断を回避することはできないところもある。大阪高裁におけるマイノリティの教育権にかかわる判決は、日本が外国人児童・生徒にかかわる人権に対し厳しいということを示すというより、彼らの人権に対する意識・関心の希薄さと関連づけて論じられるべきものと考えられる。

注
1　法務省入国管理局『出入国管理（平成27年版）』をもとに、筆者が一部要約、抜粋。
2　2012年7月より、新しい在留管理制度が導入され、外国人登録法令が廃止された。そのことにより、外国人登録者数ではなく、在留外国人数という表記に変わっている。
3　政府統計の総合窓口　http://www.e-stat.go.jp/SG1/estat/List.do?lid＝000001150236　表番号15-12-06-0から、筆者が算出（2016年5月29日取得）。
4　本項に関しては、文部科学省HP　http://www.mext.go.jp/b_menu/houdou/27/04/__icsFiles/afieldfile/2015/06/26/1357044_01_1.pdfから部分的に引用、要約（2016年6月6日取得）。
5　佐久間孝正『外国人の子どもの不就学』勁草書房、2006、pp. iii-iv。
6　太田晴雄『ニューカマーの子どもと日本の学校』国際書院、2000など、一部に子どもたちの語りを生かしている研究もある。
7　開催趣旨（一部抜粋）

「国際化」と言われて久しい日本社会で今、多くの日本の学校でさまざまな背景とそれぞれの固有の文化をもつ子どもたちが、日本人の子どもたちといっしょに学校生活を送っています。しかし、この子どもたちを迎える日本の社会と学校は、このような多様な価値観をもつ人々と真の意味で共生する経験を十分に積み重ねてはいません。子どもたちは、異なるものを排除しようとする意識を感じ、本当の自分を出せずに、悩み苦しんでいます。この子どもたちの思いを受けとめることで、日本の社会や学校がさまざまな違いを理解し、多文化共生社会をめざすことを願ってこの事業を開催します。

8　浜松市国際課『外国人の子どもの教育環境意識調査報告書』浜松市国際課、2005、p. 10。

9　三重県教育委員会『外国人等児童生徒の人権に係わる教育指針』三重県教育委員会 2003、pp. 1-3。教育指針の資料1には、三重県教育委員会が実施した教育実態調査から明らかになった現状が示されている。

10　大堀は、「わける」ことは、「わかる」ことであり、認知活動を支える柱の一つといってよい、と述べている。また、カテゴリー化のプロセスについて、決して単純な作業ではなく、そこには複雑な認知の働きがあると論じるとともに、状況の変化によってカテゴリーは拡張したり変化したりすると述べている。大堀壽夫編『認知言語学Ⅱ　カテゴリー化』東京大学出版会、2002、p. 1。

11　作文集の整理、分類に際しては、やまだようこ編『質的心理学の方法』新曜社、2007、大堀、前掲書などを参考にした。

12　メンミ、アルベール著、白井成雄・菊地昌実訳『差別の構造』合同出版、1971、p. 226。メンミによれば、「差別主義とは、現実上の、あるいは架空の差異に普遍的、決定的な価値づけをすることであり、この価値づけは、告発者が己の特権や攻撃を正当化するために、被害者の犠牲をも顧みず己の利益を目的として行うものである」。

13　この児童の氏名は、張賀（チョウガ）さん。

14　西村洲衞男「文化とは」河合隼雄監修『臨床心理学　第5集　文化・背景』創元社、1992、pp. 3-20。

15　Taylor, C., "The Politics of Recognition" Ed. Gutmann, A., *Multiculturalism*, Princeton University Press, 1994, p. 25.

16　石川准「アイデンティティの政治学」井上俊・上野千鶴子・大澤真幸・見田宗介・吉見俊哉編『岩波講座現代社会学　差別と共生の社会学』岩波書店、1996、pp. 171-183。

17　ラカー、トマス・W.「道徳的想像力と人権」ガットマン、エイミー編、添谷育志・金田耕一訳『人権の政治学』風行社、2006、pp. 208-210。

18　ロジャーズ、カール・R. 著、畠瀬直子監訳『人間尊重の心理学』創元社、1988、pp. 145-146。

19　佐久間は、アメリカにおいて停学・退学処分を受けるカリブ系生徒が多い背景に、白人教師のカリブ系文化への無理解があることに触れている。教師の、文化の差異を超えた共感的理解が、決して一般的ではないことがわかる。佐久間孝正「多文化、反差別の教育とその争点」宮島喬・梶田孝道編『国際社会4　マイノリティと社会構造』東京大学出版会、2002、p. 89。

20　田渕五十生「日本の教師教育と異文化間教育」『異文化間教育』25号、異文化間教育

学会、2007、pp. 52–53。
21 田渕、同上、pp. 52–53。
22 アウシュヴィッツからの生還者。その著書『アウシュヴィッツは終わらない』において、人間の尊厳について語りかけている。文中の彼の言葉は、ラカー、前掲書、p. 208より。
23 ロジャーズ、前掲書、pp. 141–145。
24 田渕五十生「子どもたちの作文が示唆するもの」全関西在日外国人教育ネットワーク編『ちがうことこそすばらしい！子ども作文集　届け！私の思いⅡ』2006、p. 8。
25 伊豫谷登士翁『グローバリゼーションと移民』有信堂高文社、2001、p. 21。
26 Habermas, J., "Struggles for Recognition in the Democratic Constitutional State" Ed. Gutmann, A., *Multiculturalism*, Princeton University Press, 1994, pp. 131–132.
27 キムリッカ，ウィル著、角田猛之・石山文彦・山﨑康仕監訳『多文化時代の市民権―マイノリティの権利と自由主義』晃洋書房、2004、pp. 292–293。
28 ラカー、前掲書、p. 210。
29 大沼保昭『新版　単一民族社会の神話を超えて』東信堂、1993、pp. 182–183。
30 長谷部恭男『憲法（第5版）』新世社、2011、p. 120。
31 小林直樹『憲法講義　上』東京大学出版会、1980、p. 333。
32 小林、同上、p. 569。
33 1978年10月のマクリーン事件。以来、権利の性質によって外国人にも等しく保障される権利と、そうでないものとが区別される、権利性質説が支配的学説といわれている（長谷部、前掲書、p. 115）。芦部も、「人権が前国家的・前憲法的な性格を有するものであり、また、憲法が国際主義の立場から条約および確立された国際法規の順守を定め（98条）、かつ、国際人権規約等にみられるように人権の国際化の警告が顕著にみられるようになったことを考慮するならば、外国人にも、権利の性質上適用可能な人権規定は、すべて及ぶと考えるのが妥当である。通説および判例も、そう解する」と述べている（芦部信喜『憲法』岩波書店、2011、p. 92）。
34 外務省HP　http://www.mofa.go.jp/mofaj/gaiko/kiyaku/index.html より（2011年8月4日取得）。
35 大沼、前掲書、p. 211。
36 本項で扱う判決、「マイノリティの教育権」にかかわる、事実の概要、判旨、解説については、『ジュリスト』1398号（2010年4月10日）を参考にしている。
37 この部分に関する記述は、『ジュリスト』1398号、p. 317の桐山孝信の整理による。要約し、平易な表現に直した。
38 自律執行力がある条約とは、国内法による補完・具体化がなくとも、内容上そのままの形で国内法として直接に実施され、国内の裁判所と行政機関の判断根拠として適用できる条約のことである（山本草二『国際法』有斐閣、1994、p. 105）。また、自由権規約の自律執行性については、1980年に日本政府が認めており、日本において自律執行性を認める判決は少なくない。にもかかわらず、この判決においては文言解釈により、自律執行性がないと解した（『ジュリスト』1398号、p. 318）。
39 『ジュリスト』1398号（2010年4月10日）pp. 24–25および、pp. 317–318より。

40 例えば桐山孝信。『ジュリスト』1398 号、p. 318 より。
41 「単一民族の神話が支配する日本社会」との指摘に関しては、大沼、前掲書、p. 236 など。

第2章
異文化適応における教師の働きかけをめぐる理論的検討と仮説の提示

　本章においては、序章で検討した先行研究および前章で論じた外国人児童・生徒の状況を踏まえ、彼らの異文化適応をめぐる教師の働きかけについて理論的検討を加えるとともに、外国人児童・生徒の異文化適応を促進する教師の働きかけについて仮説を提示する。

　序章では、これまでの外国人児童・生徒にかかわる教育施策において、形式的ともいえる平等重視の考え方がとられてきたことや、外国人児童・生徒の文化の尊重については明確な記述が見られなかったことが示された。これらの施策は、その特徴として「教育現場からの要望によって対症療法的な施策が展開されてきた」といわれているように、外国人児童・生徒の視点から展開されてきたものではない。また、先行研究の検討からは、「異文化適応が広義の概念であると同時に、単なる環境への順応とは異なり相互作用を前提としたダイナミックなプロセスであること」「外国人児童・生徒の異文化適応については今なお課題が残されており、いまだ解決には至っていないこと」、さらに、適応が相互作用を前提としたプロセスであるにもかかわらず「外国人児童・生徒に強い影響力を有すると思われる、教師や、日本人児童・生徒の対応のあり方や働きかけと外国人児童・生徒の異文化適応との関係について具体的に論じられてこなかったこと」が明らかになった。

　さらに前章においては、統計資料に基づき外国人児童・生徒の状況を示すとともに、実態により即した状況把握のため、外国人児童・生徒の語りに着目し、「文化を標的にした差別」が存在しながらも、「友だちの存在や対応」「教師から向けられた関心と共感的理解」「ルーツについての学び」「経験や思いを共有できる仲間の存在や集まり」「保護者の姿」が困難を越える力となっていたことを読み取った。さらに、日本という社会における外国人児

童・生徒の状況を人権の視点から考えるために、国内法や国際人権文書、関係する判例について考察した。

本章においてはまず、①「平等重視にかかわる検討」、②「外国人児童・生徒の文化を尊重することの妥当性の検討」がなされる必要があると考えられる。そのうえで、③「外国人児童・生徒の課題」について検討し、仮説の提示を行いたい。そこで、以下第1節において、分配的正義の理論を用いて平等重視について検討する。続く第2節において、公共性の理論を用いて外国人児童・生徒の文化を尊重することの妥当性を検討する。そして、第3節において、外国人児童・生徒の語りや人権の視点から読み取れる課題について検討する。第4節においては、それぞれの課題に合わせた概念や理論を提示し、第5節では第4節までの検討に基づき、外国人児童・生徒の異文化適応を促進する教師の働きかけについて仮説を提示する。

第1節　平等重視にかかわる検討

人権を含む、社会的、経済的不平等にかかわる問題を検討するに当たって、近年さまざまな社会正義や分配をめぐる議論が展開され、必要性への配慮に関しても論じられている。例えば、ロールズ（Rawls, J.）は、「功利主義に取って代わるべき、ひとつの体系的な構想を筋道立てて展開」[1]した。ベンサムやミルなどが唱えた最大多数の最大幸福を追求する功利主義に対抗し得る「正義の二原理」[2]を示し、分配にかかわる正義についても論じている。一方で、ケリー（Kelly, P.）は、そのロールズ以後の分配のパラダイムに対し、ウォルツァー（Walzer, M.）、ヤング（Young, I. M.）などが批判的検討を加えていることを指摘している[3]。ウォルツァーらは「『分配のパラダイム』が問題であるのは、それが、人々を平等主義の規範におくことによって、かれらの虚偽のアイデンティティを押しつけようとすることである」との批判を展開している。つまり、個人のアイデンティティは与えられるものではなく、獲得するものであり流動的なものであるのに、差異に対してある種の画一性をあてはめることに疑問を呈しているのである。筆者はこれらの分配的正義をめぐる

議論を踏まえたうえで、フリードマン（Friedman, M.）の「共同体それ自体の真価を認識することが問題なのではない。一つ一つの共同体が部分となるような形でさまざまな共同体が寄り集まっているなかで、さまざまな異議申し立て、要求、さらにはアイデンティティの境界を左右するような力がぶつかり合っている。それゆえ問題は、むしろ、これら諸力の葛藤をいかに調停するかということなのである」という議論[4]から、正義や分配のあり方を思考するうえでの示唆が得られると考える。避けることのできないさまざまな力の葛藤において、調停という個別の状況に応じた柔軟な調整のあり方に期待が寄せられていると思われる。

　尊重や責任、正直といった協調の規範に基づき、紛争を管理・調停する紛争管理理論の専門家であるドイッチ（Deutsch, M.）は、彼の論じる分配的正義の理論の中で、当事者の「必要性」について勘案することの重要性について指摘している。ドイッチは、社会の至るところで資源を分配する際、あるいは分配のあり方について「正義」か「不正義」かを判断するに当たり3つの重要な原則があると論じている[5]。そして、その3つの原則である、衡平原則（equity principle）[6]、平等原則（equality principle）、必要原則（need principle）のうち何が優先されるかは個人・集団・社会階層・イデオロギーなどによって異なると述べている。ここでは人びとの生活の向上や福祉こそが大切だとみなされている状況で支配的となる、必要原則に注目したい。ドイッチの理論はもともと紛争解決のための理論であるが、諸力の葛藤における調停の役割が重要であることと併せ、教育におけるさまざまな資源の分配を考えるうえでも説得力を持つと考えられる。教育も公共財の分配の一つの形だからである。さらにいえば、教育は、人びとの生活の向上や福祉などと同様に、個々の状況に応じた対応がなされなければ、格差は大きく開いていくことが予測される。格差を小さくするためにも、教育において、必要性の高い者がより多くの利益を受けるべきと考える「必要原則」が重視されることには妥当性がある。この分配的正義の理論は、これまで外国人児童・生徒教育においてとられてきた形式的ともいえる平等重視の考え方に対して、外国人児童・生徒の必要性に配慮するという新たな視角を提供すると思われる。外国人児

童・生徒にとって何が必要であるかを見極めたうえで、衡平原則、平等原則とのバランスをとっていくことが求められる。

第2節　外国人児童・生徒の文化を尊重することの妥当性の検討

　前章第3節で論じたように、文化の享有は人権の一部である。人権とは、「人の生まれながらの権利」であり、人権を法によって保障する必要性が生まれるのは、国家が存在すればこそであるといわれる。つまり、国家は、その領域内における正当な実力の行使を独占しており、国民の生命・自由・財産を奪い取る力を持っているため、その権限を限定する必要性も大きいのである[7]。だとすれば、現在、国民国家にとって他者である移民（≒外国人児童・生徒）[8]の人権が、国民の人権と同様に保障されていなくても不自然なことではない。そしてこのような考え方がこれまでの外国人児童・生徒にかかわる教育施策において、彼らの文化の尊重について明確な記述が見られなかったことに影響を及ぼしているとも考えられる。

　そこで、外国人児童・生徒の文化を尊重することの妥当性について検討するために、「公共性」にかかわる理論を援用したい。現在「公共性」については、多様かつ、重層的な捉え方がある。類似するものとしての「公」、対抗軸ともいえる「私」「私事性」などまで含めれば、一層多くの把握のされ方があるといえるが、ここでは、社会秩序維持のための規範である法にかかわる現象について、基礎的、原理的な考察を行う、法哲学の分野における「公共性」の理論に拠りつつ論を進めることとする。

　井上は「行動が公共的であるか否かは、行動によって利益を受ける人びとだけでなく、不利な影響を受ける人びとにも妥当し得るような公共的理由によってその行動が正当化可能か否かに依存」し、「公共性の探求は公共的理由の探求である」[9]と論じる。つまり重要なのは、行動の主体やプロセスよりも、自己と他者の視点を反転させたとしてもなお受容できる理由であると指摘している。そして、自己の他者に対する要求が正当化できるかどうかに

第 2 章　異文化適応における教師の働きかけをめぐる理論的検討と仮説の提示

ついて、反実仮想的に吟味・テストさせることを意味する「反転可能性（reversibility）」という視点を提示している。

　いうまでもなく、人権と正義に関しては、これまで多くの議論が展開されてきている。功利主義に代表される最大多数の人権を守ることを優先すべきとの考え方、ロールズなどの最も恵まれないグループに配慮すべきとの考え方、あるいはこれまで抑圧されてきた特定の人びとに特別の配慮をすべきであるとの補償的な考え方などを例として挙げることができよう。しかし、これらの議論の前提には、どのグループをどのような基準で最も恵まれないグループとするか、などのカテゴリー化が避けられない。したがって、救済の対象とならないグループからの異議申し立てや、カテゴリー化の過程に伴う課題といった新たな矛盾が生み出される可能性も否定できないと思われる。一例が、前述のウォルツァーらの「分配のパラダイム」をめぐる批判と捉えることもできよう。その意味で、井上の論じる「反転可能性」を重要視した公共性の理論には、カテゴリー化を超えた汎用的可能性があると思われる。

　これまで、教育と公共性に関しては、さまざまな議論が展開されてきた[10]。そしてその主な対象者は「国民」であったといえる。それは、教育の目的が「平和で民主的な国家及び社会の形成者として必要な資質を備えた心身ともに健康な国民の育成」[11]である以上、当然のことであったかもしれない。しかしながらグローバル化が進展する現在、「他者を引きいれることによって、『われわれ国民』の定義は変化する」[12]との指摘もなされている。「教育と公共性」の議論の射程に、外国人児童・生徒を含み込むことによって、外国人児童・生徒といわゆる「国民」との間により公正な関係が構築されることが期待される。井上の提示する「反転可能性」の視点を持ち、相手の立場に立つことで、外国人児童・生徒の文化を尊重することの妥当性や、文化の尊重を含めた人権遵守の重要性について適切な認識が得られると考えられる。

第3節　外国人児童・生徒の課題

1．語りから読み取れる課題

　第1章で見たように、外国人児童・生徒の語りからは、「文化を標的にした差別」が存在しながらも、「友だちの存在や対応」「教師から向けられた関心と共感的理解」「ルーツについての学び」「経験や思いを共有できる仲間の存在や集まり」「保護者の姿」が困難を超える力となっていたことが示された。これら6つの分類項目のうち、教師が効果的に役割を果たせると考えられる領域は、「文化を標的にした差別」「友だちの存在や対応」「教師から向けられた関心と共感的理解」「ルーツについての学び」と考えられる。「経験や思いを共有できる仲間の存在や集まり」と「保護者の姿」に関しては、教師の働きかけと関係が薄いため、割愛する。以下、①「文化を標的にした差別／友だちの存在や対応」、②「教師から向けられた関心と共感的理解」、③「ルーツについての学び」の3項目を、教師の働きかけを検討するうえで重要な課題として取り上げる。

（1）文化を標的にした差別／友だちの存在や対応

　「文化を標的にした差別」と「友だちの存在や対応」は、どちらも日本人児童・生徒の自文化中心主義と関連づけられるため、一つの項目として扱う。「文化を標的にした差別」は、外国人児童・生徒の国籍や言語、名前、あるいは育った環境、独自の食文化など、少数派である外国人児童・生徒の文化がターゲットにされたものであった。背景には、多数派である日本人児童・生徒の、無意識のうちに自分たちの国籍や言語、あるいは食文化などの文化を優越するものであると考える、自文化中心主義があると考えられた。

　また、外国人児童・生徒の支えになった「友だちの存在や対応」とは、自文化中心主義に基づく差別意識が薄い、あるいはそのような差別意識を持たない日本人児童・生徒の「道徳的想像力」に支えられた自律的行動であった。

つまり、日本人児童・生徒は、自文化中心主義に捉われることで、外国人児童・生徒の「境界化」の要因になり、自文化中心主義から一定の距離をとることで、外国人児童・生徒の「境界化」を抑制する可能性が示唆されたことになる。したがって第4節においては、関連する概念として「自文化中心主義」を提示する。

(2) 教師から向けられた関心と共感的理解

「教師から向けられた関心と共感的理解」は、外国人児童・生徒にとって、苦難を乗り越える際、支えの一つになっていた。例えば、以下に紹介する外国人児童・生徒の言葉からは、外国人児童・生徒に関心を向け、彼らの気持ちに寄り添う教師の姿が浮かび上がってくる。この教師は、自分自身の文化とは異なる文化的背景を有する外国人児童・生徒の立場を受け止め、真剣に向き合うことで当該児童・生徒の心を開いている。多数派の文化への同化や、文化の階層化とは異なるものと考えられる。この外国人児童・生徒が、教師が「真剣に返してくれた」ことに喜びを感じていることから、教師が関心を向け、外国人児童・生徒に向き合おうとすることに意義があることが示唆されたといえる。したがって、教師の働きかけを検討する際、外国人児童・生徒に対し関心を向ける姿勢が重要であると考えられる。したがって第4節においては、このような教師の適切な関心に関連するものとして、「多文化教師教育」を取り上げる。

・B先生と話をする時、私はB先生に何でも話せた。お互いが思っている立場のことから、あらゆる事までたくさん話をした。自然で気さくな会話だった。私には、今まで自分の立場を話し合える人はいてなかった（ママ）。―中略―私が真剣な気持ちを言ったときは、先生も真剣に返してくれた。そんな先生の思いが、私はとても嬉しかった。先生に本当の気持ちを話すことで、少しずつ自分に素直であれるようになったし、今まで考えてきた少し重い気持が軽くなった。先生は私を支えてくれていた。先生と話していたあの時間はあのときの私にとって、とても必要だった

と思う。(「出会いの中で」：中学)

(3) ルーツについての学び

　第1章で紹介した作文の中には、外国人児童・生徒が祖父母の経験や頑張りを知るなど、ルーツについての学びを通して、力を得て前向きになった事例があった。例えば以下のような記述からは、ルーツについての学びが、「外国人児童・生徒の自国の文化的アイデンティティと特質の保持」に効果的に働いたと考えることができる。

・日本に初めて来た三歳の時に疑問に思ったことを思い出した。「なぜ、祖父母は、日本人の顔をしているのに、ブラジルで暮らしているのか？」であった。日本人移民の歴史について調べた。日本人たちは、希望を求めて南米へ渡ったこと。その中で、祖父母は、大変な苦労を重ね乗り越えてきたことなど、研究していけばしていくほど、自分がひねくれた人間だと言うことを思い知らされた。私は今まで、日本人の顔をしていながらブラジル国籍であり、発音も変で、中途半端な人間だと思っていた。そんなことを考えていた自分が何より恥ずかしく思えた。(「日系ブラジル人としての私の課題」：高校)

　これまで日本の学校教育において、教科書の記述をはじめとして「移民」を学習内容として学ぶ機会は少なかった[13]。そのような要因もあり、外国人児童・生徒自身が日本人の海外移住の歴史や、移民の経験、移住先国における貢献などについて知らずに育ってきているケースが多い。しかし、例えば日系人児童・生徒のルーツともいえる、ブラジルに渡った日本人移民を例に挙げるなら、彼らは広大な自然に立ち向かい、マラリアなどの病気と闘い、さらには差別や偏見を経験しながらも誠実に働いたといわれている。そしてその勤勉で実直な働きぶりは移住先国であるブラジルで「ジャポネス・ガランチード（信頼できる日本人）」との評価も得ている[14]。事実に即し、ルーツについて学ぶことを通し、外国人児童・生徒が肯定的なアイデンティティを獲

得する可能性がある。すなわち外国人児童・生徒の自国の文化的アイデンティティと特質の保持に寄与することが期待される。したがって、第4節では、ルーツについての学びを含めた移民についての学びの総体として、「移民学習」について論じる。

2．人権の視点から読み取れる課題

　前章の第3節では、外国人児童・生徒の人権の視点から、彼らが置かれている状況について明らかにしようと試みた。外国人児童・生徒の教育に関連する国内法と主な国際人権文書、および大阪高裁のマイノリティの教育権にかかわる判例に基づき明らかになったことは、日本の社会の、外国人児童・生徒の人権に対する意識の希薄さや関心の低さであった。

　例えば大阪高裁の判例における高槻市の事業は、「厳しい差別や生活実態から生じている生活の荒れと低学力を克服するために昭和42年に高槻市内の中学校に設置された在日韓国・朝鮮人子ども会」を端緒とし、「在日韓国・朝鮮人の子ども達の民族的な自覚と誇りを高めるためのアイデンティティの確立を目指した事業であった」[15]ことから考えても、「外国人児童・生徒の自国の文化的アイデンティティと特質の保持」に寄与し、外国人児童・生徒の異文化適応にとって、意義ある場であったと考えられる。さらに同事業は、2000年には、人権教育基本方針のもと多文化共生教育の視点に立って、在日外国人教育事業として発展させるよう努めることが示されていた。高槻市や司法の判断からは、外国人児童・生徒の異文化適応や、彼らの言語を含めた文化を尊重する姿勢の消極性が見て取れる。

　前述した通り、文化を尊重することは、人権の視点から重要なことである。そして立法や司法のあり方は、その社会の価値観あるいは本質を映すものといえる。外国人児童・生徒は、彼らの人権を尊重する意識が希薄である社会で生活していると考えられる。

　また、日本における在留外国人数を国籍・地域別に見ると、韓国・朝鮮は、約50万名と、中国（約65万名）に次ぎ、2番目に大きなグループであるが[16]、2011年3月に文部科学省初等中等教育局国際教育課により出された「外国

人児童生徒受入れの手引き」には、「外国人児童生徒のすべてが、日本の学校に就学するに当たって日本語や学校文化の違いに対して特別な配慮を必要とするわけではありません。保護者の世代から長期間にわたって日本に在住し、日本語や日本文化に一定の理解を持っている場合には、日本語指導、学校や社会に適応するための指導、母国語や母文化に配慮した指導など、初期的な支援の必要性は低いと言えます」と書かれている。この記述からは、いわゆるオールドカマーの児童・生徒の文化に配慮した指導に対する消極性を読み取ることができる[17]。

　裁判において原告らは、マイノリティの教育権を「公の費用負担のもと、マイノリティとしての教育を受け、マイノリティの言語を用い、マイノリティの文化について積極的に学ぶ環境を享受できる権利」と定義し、これが国際人権規約やその他の条約等により保障されていると主張したが、退けられた。本来であれば、外国人児童・生徒の背景にある文化に関心を寄せ、尊重し、さらには対等なものとして認めることにより、彼らの「文化的アイデンティティと特質の保持」を支援することになる。佐藤が、「教師達は、『外国人の子どもはよく怠ける』『外国人の子どもは学習意欲がない』『外国人の子どもは規則にルーズだ』などの評価を下しやすい。外国人児童・生徒に対して、日本の子どもに適用する基準をそのまま用い、外国人児童・生徒の行動を評価する。こうした文化を固定し、それを前提に全ての関係を構築しようとする視点が、外国人児童・生徒の文化的アイデンティティを否定することになり、日本の集団との関係をつくる際の阻害要因になっているのである」と指摘している[18]ように、現状においては外国人児童・生徒の文化を含めた人権への関心が低く、限られた、あるいは誤った認識に基づいて彼らと向き合っている可能性がある。したがって、第4節では「人権の視点から読み取れる課題」とかかわり、「文化を含めた人権への関心」について論じる。

第4節　外国人児童・生徒の課題にかかわる概念や理論

　本節では、外国人児童・生徒の課題にかかわる概念や理論として、「自文

化中心主義」「多文化教師教育」「移民学習」および、「文化を含めた人権への関心」を提示し、仮説の支えとする。

1. 自文化中心主義

まず、自文化中心主義の概念整理と、その特徴を押さえたうえで、自文化中心主義の対極にあると考えられる、文化多元主義を思想基盤とする多文化教育の理論を提示する。

(1) 概念整理

まず、自文化中心主義とはどのような定義づけがなされている概念だろうか。川端は、「自文化中心主義（エスノセントリズム）とは、自分の属する文化の価値観を唯一の基準として、他の文化の価値観などについて判断することである。このような考え方により、自文化の優越性を信じ、他の文化を劣っていると評価する傾向が生まれてしまう。これは、サムナー（Sumner, W. G.）が最初に用いた概念である。文化とは、ある民族集団によって共有されている習慣や言語、宗教などの総体であると考えられるので、自文化中心主義は、自民族中心主義と言い換えられることもある。—中略—特に日本のような均質性が高い社会では、人々が異なる文化の習慣や価値観に慣れていないため、自文化中心主義的な考えを持ちやすいとも考えられる」と述べている[19]。

サムナー自身は、1906年に記した著書『フォークウェイズ』[20]の中で、自文化中心主義について、「われわれ集団があらゆるものの中心であり、他のすべてのことは、それとの関係で計られ、評価されるといったものの見方」であり、「おのおのの集団は、自分自身の自尊心や自負をいだき、自己をすぐれたものとして誇り、それ自身の神性を賞揚し、よそものを軽蔑のまなこでもってながめる」と述べている[21]。サムナーからおよそ1世紀経った現在、「他の文化を、現実を編成する可能性のある選択肢としてみなせないこと」といったゴルニックとチン（Gollnick, D. M. & Chinn, P. C.）の定義をはじめ、「一つの集団の態度、行動、生活様式が他の文化集団のそれよりも価値があり、それは、無批判に、疑問視されることなく受容されるべきであるとする見

方」といったストプスキーとリー（Stopski, F. & Lee, S. S.）の捉え方、あるいは、「自分の文化様式が有効で他の者のそれよりも優れているだけでなく、人間の行動を評価し判断する際に普遍的に適用することができるとする信念」といったバルースとマニング（Baruth, L. G. & Manning, M. L.）によるものなど、自文化中心主義をめぐるさまざまな定義が存在する。

また、エスノセントリズム（Ethnocentrism：自文化中心主義）を理解するうえで重要な点として、以下の4点が指摘されている[22]。

- エスノセントリズムは、自らが文化的に習得した規範が有効であり優れているために、他の文化にとって基準となるに違いない、という閉鎖的な信念へと偏りがちである。
- エスノセントリズムは他の文化・民族集団のうち自文化・民族の規範から逸脱しているものは劣等な集団である、という信念を含み持った世界観である。
- エスノセントリズムは、偏見をもつことなく他の文化を認識したり、あるいは敬意をもって他の文化と接する個人の能力に制約を加える世界観である。
- エスノセントリズムは、他の文化や民族集団が劣っているために、最良の場合にでも教育や強制によって自文化の規範を採択されるように変革されるべきであり、最悪の場合には避難され、隔離され、差別され、抑圧されるべきであるという信念を含んでいる。

自文化中心主義は、100年以上も前から認識されてきた概念であると同時に、独善的な側面を有し、他者を劣位に置き差別をもいとわない「他者危害」ともいえる要素を含み込む信念であることがわかる。

（2）多文化教育[23]

① 多文化教育の成り立ち　アメリカでは黒人差別撤廃に伴い、1960年代に被差別少数民族を主対象とした教育条件改善策が積極的に推進された。

当時彼らの学力不振は著しく、教育を受けることによって経済的に豊かになり社会的に地位が上昇するという考えから、まず経済機会法 (Economic Opportunity Act) が制定された。これは、政府自身が公式に貧困の水準を定めるとともに、教育の改善などを通して「貧困の悪循環」を絶つための計画を打ち出したものである。そのほかにも低所得者層の小学校就学準備のためのヘッドスタート計画や、貧困家庭から大学進学を志望する高校生を支援するアップワードバウンド計画などが立案された。しかし、それらの計画の追跡調査としてのコールマン・レポートの結果は、「黒人」の学校教育の条件は、「白人」の条件との差がなくなったにもかかわらず、学年が上がるごとに成績格差が広がるというものだった。「子どもの文化的背景を無視した教育」への反省がここから生まれ、「文化」への配慮の重要性も認識されることになる。「文化」は教育の前提として重視されるべき、子どものアイデンティティの拠り所であり、教育にとって不可欠な要素であることが明らかになったのである。このようにして多文化教育は徐々に形作られてきた。

　② 多文化教育の定義と特性　このように多文化教育は比較的新しい言葉で、現在さまざまな定義づけがなされているが、ここでは以下のように捉えることとする。多文化教育とは、一国内の多様性を尊重し、人種、エスニシティ、社会・経済的階層、ジェンダー、性的指向性、障がい等あらゆる文化集団への理解と受容を促進することを通して、差別や偏見をなくし、それらの人びとに等しい教育の機会と文化的選択を提供することを目的として行われる教育の総体をいう。また多文化教育は、文化多元主義 (cultural pluralism) や多文化主義 (multiculturalism) を思想基盤とし、自由・正義・公平・公正および人間の尊厳といったアメリカ合衆国憲法および独立宣言に示されている哲学理念の上に構築された、概念、教育改革運動、そして目的に至るプロセスである。具体的には、各文化集団の文化的帰属性や特質を尊重して、彼らの学習スタイルに適合した教授法の開発、多様な集団の視点からの教育内容の再編成、教師を含む学校スタッフの資質養成および学校の多文化的人員構成への取り組みなど教育論のみならず、教育改革運動という性格を有している。1980年代以降多文化教育は世界的に広がったが、国によっ

てその理論的・実践的展開はさまざまである。アメリカ、イギリス、カナダ、アジア諸国、ドイツ、オーストラリアなど、国内に多様な民族集団を抱える「多民族国家」において多文化教育は積極的に展開されてきた。

そしてこのような多文化教育を推進するために、学校は以下の8つの特性を備えることが求められる[24]。

- 教職員が全ての生徒に高い期待を持ち、肯定的な態度を示す。また、積極的な愛情を持ってかかわる。
- 学校の公式カリキュラムが、男女両性、およびさまざまな文化、エスニック集団の経験、文化、視点を反映している。
- 教師が用いる教授スタイルが、生徒の学習、文化、動機づけのスタイルに合致している。
- 教職員が生徒の母語（第一言語）を尊重している。
- 学校で用いられる教材が、さまざまな文化、エスニック、人種集団の視点に立って、できごと、状況、概念を示している。
- 学校で用いられる評価や試験の手順が文化的に配慮され、英才児向けのクラスに非白人生徒も人数比に見合った形で在籍する結果になっている。
- 学校文化と隠れたカリキュラム（教職員の人種構成など、意図せずしてカリキュラムの役割を果たすもの）が、文化やエスニックの多様性を反映している。
- 学校カウンセラーが、異なった人種、エスニック、言語集団の生徒に対しても一様に高い期待をもつとともに、積極的な進路目標を設定して、その実現を助ける。

例えばこの特性に基づくものとして、「コロンブスのアメリカ大陸発見」を先住民であるアラワック族の視点から捉え直す授業がある。当然のことながら、コロンブスがアメリカ大陸に到着する前から、現地には先住民による暮らしが営まれていた。「発見」という言葉は決して彼ら先住民の視点からのものでないことは明白である。また、「発見」という言葉の裏に以前には何も存在しなかったかのような意味を読み取ることもできるだろう。さまざ

まな文化や民族の視点から歴史を見つめ直すことにより、子どもたちは歴史の中にある偏見に気づき、また知識さえも偏見に影響され得るものであると理解するのである。

　既存の価値観や、ものの捉え方が一部のグループの視点からのものであることに気づくことは大切である。アイデンティティの拠り所である文化は、しばしば歪められて伝えられてきたが、その気づきは、「文化の歪み」を是正する力となるからである。また、「多文化教育は自分たちをよりよく見つめる機会を提供し、そのことが自己を肯定的にとらえること、ひいては他者と効果的につながりあうことに寄与する」[25]といわれている。

　③　諸外国における多文化教育　　多文化教育は、アメリカ以外の国々でも、特に多文化化が進展している国々において積極的に取り入れられている。例えば、カナダにおいては、1971年、当時首相であったトルドー（Trudeau, P. E.）による「二言語主義の枠内における多文化主義政策」を世界に先駆けて導入し、1988年には、多文化主義法を成立させ、「平等な機会の創出」「社会貢献の支援」「相互理解」という理念が最優先事項とされた。他州に比べ移民が集中しているといわれるオンタリオ州においては、1973年、多文化主義に関するオンタリオ諮問審議会が設置され、多文化問題に対応する教育政策案が協議検討された。1977年には、文化的多様性の尊重の実践として、小学校の通常授業以外の時間で英語・フランス語以外の言語指導にオンタリオ州教育省が資金補助を行う遺産言語プログラムの導入が発表された。1988年には25名以上の親の要請があれば教育委員会に当該言語プログラムの設置義務が発生するという規定が法制化される。その後、対象言語数、参加児童数も増え、中等教育レベルでは単位として認定されるようになる（1993年に国際言語プログラムへと名称変更）。

　言語政策と並行して、人種差別問題に対しても対策がとられた。1985年にオンタリオ州教育省により人種に関わる州諮問委員会が設立され、1992年に州教育省は、反人種主義・民族文化公正の推進を各教育委員会の義務とする州教育法の改正を行った。また、1993年には全生徒の異なる文化的バックグラウンドと能力に応じた偏見のないカリキュラムを目指すことが確認

された。そして、同年設立され、後のオンタリオ州教育改革の基礎を築いたとされる学習に関する王立委員会の提言書においても、人種差別に関連して教育に関するあらゆる側面の検討が要請された。その後の政権交代を機に、反人種主義から多様性を認めたうえでのシティズンシップ教育にシフトしてきてはいるが[26]、これも多文化教育の一つの形態と捉えられる。

　また、長い間移民国家ではないといわれてきたドイツも、実態として多くの外国人を擁することから、「異質との共存」あるいは「共生」を目指す教育に真剣に取り組んできた。現在ドイツには、約730万名、全人口の9％に当たる外国人が居住しており、その半数以上が在留10年以上になる。1955年に開始されたガストアルバイター（外国人労働者）に対する求人措置は1973年に停止された。しかし当時の外国人数は約400万名であったところ、その後配偶者および未成年（ドイツでは成年は18歳）の子どもの呼び寄せが始まり、現在未成年の外国人児童の数は約150万名である。そしてその約3分の2はドイツ生まれだといわれている[27]。

　アメリカやカナダで多文化教育といわれているものは、ドイツでは一般に異文化間教育（Interkulturelle Erziehung）と呼ばれている。ドイツの学校制度に関する権限は、連邦政府ではなく州政府に属し（文化高権）、各州に独自の教育制度が存在し、それを連邦レベルで調整する機関が各州文部大臣会議（Kultusministerkonferenz：以下KMK）であるが、特に1996年、KMKが公にした「学校における異文化間教育」と題する勧告は注目に値する。この教育は、これまで「外国人」という特定のグループのみを対象としてきた「外国人教育」とは異なり、全ての生徒を対象としているところが大きな特徴といえ、「学校における異文化間教育」の目標（Zeal）9項目の中には「未知なるものへの偏見を認識し、真剣に受け止める」「他者との違いを尊重する」「自己の見方を反省し批判的に検討する」など、明らかにマジョリティーを対象としているものが含まれている[28]。相手のみに変化を求めるのではなく、マジョリティー自身も学び、変容し、歩み寄ろうとする姿勢を読み取ることができる[29]。

アメリカをはじめ、カナダ、ドイツにおいても、多文化教育を通して少数派ではなく多数派に対して意識の変容を促していることがわかる。自文化中心主義に他者危害の側面がある以上、多数派の意識を変えることなしに問題解決はできないとの認識の表れと考えられる。

2．多文化教師教育

　教師が自文化中心主義に陥っていては、外国人児童・生徒に対して、彼らが支えと感じるような関心を向けることはできない。外国人児童・生徒の作文には、彼らの立場を真剣に受け止め、応えた教師の姿があった。教師から向けられる関心は、教師の外国人児童・生徒への肯定的な働きかけに結びつくものである必要がある。

　そのためには、教師の自文化中心主義に着目する、アメリカの多文化教師教育が参考になると考えられる。したがって、ここではアメリカの多文化教師教育の理論を提示する。

（1）多文化教師教育の成り立ち

　人種的・民族的マイノリティが被っている教育上の不利益をどのように改善すべきかという課題は教育における公正、選択、質の諸価値をめぐる葛藤であり、都市教育の最大のアポリアであり続けたといってよい、と小松が述べているように[30]、マイノリティ児童・生徒教育に向き合ってきた歴史の長いアメリカでさえ、彼らの教育にかかわる課題は解決されてはいない。しかしながら、数々の葛藤や議論を経て、1970年代から注目され始めた多文化教師教育は、アメリカにおいて最も多くの教員免許を出す大学が加盟する組織である、全米教員養成大学協会（AACTE：American Association of Colleges for Teacher Education）によりその重要性を認められ、1980年には以下に記す「多文化教師教育のための指針」が出された。さらに、全米の教師教育機関の認定評価を行っている組織である、全米教師教育資格認定協会は、教員養成のプログラム認定基準に多文化教育に関する項目を導入した。日本においては、教育機関のアクレディテーション（資格認定）制度の必要性が認識されてか

らまだ日が浅いが[31]、アメリカにおいては1926年に資格認定が行われ今日まで発展し続けており[32]、影響力もある。アメリカは、アポリアの解決に当たり、文化に配慮できる資質を有する教師の養成に可能性を見いだしたといえるだろう。そして、「多文化教師教育の焦点は、教員志望学生のもつ自文化中心主義的な意識の克服である」[33]といわれる。これは、教師の文化への配慮が、マイノリティの子どもたちの抱える課題解決に必要であるとの認識の表れといえる。アメリカにおいて、異なる文化的背景を有する児童・生徒に対する教師の働きかけは関心を集めているのである。

(2) 全米教員養成大学協会（AACTE）による指針[34]

　AACTEによる多文化教師教育のための指針は、以下の6項目に分けて示され、それぞれにおいて数個の下位項目が設定されている。

1）教師教育プログラムの管理
2）教員養成プログラムのカリキュラム
3）教師教育プログラムの教職員団指針
4）教師教育プログラムにおける学生指針
5）教師教育プログラムのための施設・設備
6）教師教育プログラム内部の評価、総括、計画

　日本の制度や実状に合わない項目もあるが、2) 教員養成プログラムのカリキュラムは、学生たちがその民族的な背景、性別、年齢、社会経済的レベル、または特異能力にかかわらず全ての学生たちと効果的に学び、また多文化的な視点から教えることができるようにするものでなければならない（AACTE 2-0)、多文化的な内容や経験が教員養成プログラムのカリキュラムの中に統合されていなければならない（AACTE 2-1)、一般科目の構成要素は、学生に文化的多様性についての知識基盤、すなわち文化的多様性がいかに歴史的および現代的視点からわれわれの社会との間で影響を与え合ってきたかについての知識基盤を発達させる機会を提供しなければならない

（AACTE 2-2）など、日本における教師の自文化中心主義について考えるうえで示唆的な項目も多い。

また、教師教育のための資格認定基準は、文化的に多様な学生の人口を促進し、多文化教育のための知識基盤や技能と関係した基礎必修科目を設定しなければならない（AACTE 4-1）、卒業評価は、教師教育プログラムにおいて多文化教育として提供された内容や経験の適正性を検討しなければならない（AACTE 6-1）という項目から読み取れるように、アメリカにおいて教師候補生は、一国内の多様性を尊重し、人種、エスニシティ、社会経済的階層等あらゆる文化集団への理解と受容を促進することを通して、差別や偏見を低減し、それらの人びとに等しい教育の機会と文化的選択を提供することを目的として行われる多文化教育を学ぶ環境を与えられている。そしてさらに、資格認定や卒業評価においても、多文化教育について指針が示されていることがわかる。

また、多文化教師教育という用語は使用してはいないものの、ツァイヒナー（Zeichner, K. M.）[35]は、多様性に応じる教師教育（Teacher Education for Diversity）という表現を用いて、教師の自文化中心主義に関連する提言を行っている。ツァイヒナーは、"Educating Teachers of Cultural Diversity"[36]の中で、多様性に応じる教師教育のための効果的な項目（Key Elements of Effective "Teacher Education for Diversity"）として、以下の16項目を挙げており、その指摘は教師志願者の選抜手続きや志願者本人の文化的アイデンティティにかかわるものから、教師志願者が自文化中心主義に陥らないための学びや経験についてのもの、あるいは具体的な実習の場にかかわる提言など多岐にわたっている。ここでは、下記に記した16項目のうち、本論文の主旨から考えて重要である項目を取り上げながら教師の自文化中心主義に関連させて論じることとする。

① 文化的な感受性とすべての学生、特に優秀な成績をおさめた経験のない経済的に厳しい立場に置かれた有色人種の学生の教育への関与に基づ

く学生選抜手続
② 教師志願者の民族的、文化的アイデンティティという感覚の一層明確な発達の援助
③ 教師志願者の他の民族文化集団への態度を考察するための援助
④ 偏見、差別の変化の過程、およびそれらを教室で扱う方法についての教育
⑤ 特権および経済的圧迫の変化の過程、および社会的不平等の再生産を助長する学校教育の実情に関する教育
⑥ 多様な民族文化集団の歴史や貢献を扱ったカリキュラム
⑦ 多様な集団や個人の性格および学習スタイルについての情報、ならびにこれらの情報の限界に関する教育
⑧ 言語、文化および学習の関係性についての社会文化的調査の知識へ多くの注意を払ったカリキュラム
⑨ 教師志願者がその教室を代表する集団についての情報を獲得できる多様な手続きについての教育
⑩ 教師が教室で使用する(教授)方法と学生の家庭や地域社会で採用された学習および相互作用スタイルの間の関係性を評価する方法についての教育
⑪ 文化的、言語学的多様性に敏感で多様な授業方法と評価手続きの使用方法、および学生が学校にもってくる文化的資源を調整するための評価を教室での授業に適応させる方法についての教育
⑫ 民族的、言語的マイノリティの生徒に対する授業の成功例の提示
⑬ 導かれた反省を伴う他の民族文化集団の成人および／又は子どもと一緒に行う地域社会における実体験
⑭ 民族的、言語的マイノリティの生徒を支援している学校での教育実習および／又は授業経験
⑮ マイノリティの住む地域社会において生活し、教える機会(集中訓練)
⑯ 知的挑戦と社会的支援の両方を提供する集団環境に埋め込まれた教授

まず、教師志願者を選抜する時点で、文化的多様性に応えることができる学生を積極的に集める姿勢が認められる（Zeichner-①）。また、志願者自身のアイデンティティにも配慮するとともに（Zeichner-②）、他の民族文化集団への態度を考察させ（Zeichner-③）、偏見、差別の変化の過程、およびそれらを教室で扱う方法についての教育（Zeichner-④）にも言及している。カリキュラムについても、多様な民族文化集団の歴史や貢献を扱うように書かれている（Zeichner-⑥）。さらに、他の民族文化集団とともに体験を重ねたり（Zeichner-⑬）、民族的、言語的マイノリティの生徒を支援している学校での教育実習の重要性（Zeichner-⑭）についても触れられている。これらの項目で示されている事項は、教師が自身の自文化中心主義に自覚的になることを支援し、外国人児童・生徒に対して肯定的な関与を実現するうえで効果的であると考えられる。

3．移民学習

移民学習は、移民についての学びの総体であり、ルーツについての学びもその中に含まれる。以下、移民学習の理論を示し、併せてルーツについての学びの基礎となる外国人児童・生徒の背景についての認識や知識について論じる。

(1) 移民学習

グローバル化の進展に伴い、モノ、情報、金のみならず、多くの人が国境を越えて移動している。現代においては、日本に入国してくる外国人の問題が注目されがちであるが、かつては日本も移民の送り出し国であった。

森茂・中山は、近代以降多くの日本人が海外に移民した事実、彼らとその子孫の歴史的経験や現在の生活から、国民国家における基本的人権や市民権の問題、多文化共生社会におけるエスニック・アイデンティティの保持、異文化接触における文化変容の様相など、「多文化共生」をめぐるさまざまな問題について学ぶことができると指摘し、移民学習の教育的意義の一つとして、「移民（児童・生徒）のアイデンティティを確認する」という点を挙げて

いる。そして、当事者である、移民（児童・生徒）が、自身を含む家族の苦難やその克服の歴史、移住先にあっても維持・継承してきた伝統文化を通して自身のルーツについて学ぶことが、自己のアイデンティティの確立を促し、移住先国での学力保障と自信を持って生きることに繋がると、指摘している[37]。

　教室内での、自分の文化が標的となる差別により、外国人児童・生徒は負のレッテルを付与されがちである。外国人児童・生徒が、祖父母の努力、移住先国での貢献など、自分のルーツにかかわる肯定的な側面を知ることは、自尊感情を高め、「文化的アイデンティティと特質の保持」に効果が期待できる。併せて日本人児童・生徒にあっては、かつて多くの日本人が移民した事実を知り、外国人児童・生徒が経験している、海外へ移り住むことそのものや、外国人として他の国で暮らすことに伴う大変さに対して、より共感的な理解が可能となると考えられる[38]。

（2）外国人児童・生徒の背景

　外国人児童・生徒をはじめ、全ての子どもたちに、外国人児童・生徒の背景にかかわる肯定的な情報を伝えるためには、教師自身が彼らの背景にかかわる基本的な認識や知識を有している必要がある。文部科学省の調査では、公立小・中・高校、中等教育学校および特別支援学校に在籍する日本語指導が必要な外国人児童・生徒数は、2万9198名、母語別では、ポルトガル語8340名、中国語6410名、フィリピノ語5153名、スペイン語3576名となっており、ポルトガル語、中国語、フィリピノ語、およびスペイン語の4言語で全体の8割以上を占めている[39]。一方、在留外国人数から明らかなように、日本語指導を必要とはしていないものの、中国（約65万名）に続き、2位のグループである韓国・朝鮮（約50万名）の子どもたちもいる。さらに4位のブラジル（約17万名）を合わせると、全体の約63％を占める。ポルトガル語、スペイン語話者の多くは、国策として送り出された日本人移民の子孫である日系人と考えられ、中国語話者の一部分は、中国残留邦人の子孫と考えられよう。また、韓国・朝鮮の子どもたちの中には、日本の植民地支配との関係

を有している者も含まれるだろう。つまり、日本に暮らす大多数の外国人児童・生徒の祖先は、日本という国との関係の中で、理不尽な苦痛を受けた可能性がある。教師は、その認識を持つ必要があると考えられる。

そして教師はその認識とともに、外国人児童・生徒の背景ともいえる、中国残留邦人にかかわる歴史、在日韓国・朝鮮人が日本で暮らすことになった経緯、ブラジルに渡った日本人の歴史や日本人移住者の経験[40]などを意識的に学ぶ必要があると思われる。

4．文化を含めた人権への関心

これまでの外国人児童・生徒にかかわる教育施策において、外国人児童・生徒の文化の尊重については明確な記述が見られなかった。また、日本の社会における外国人児童・生徒の状況を人権の視点から考察した結果、外国人児童・生徒の文化を含めた人権に対する意識の希薄さや関心の低さが示唆された。関心を持つことによって、初めて課題が認識され解決に動き出すことは少なくない。

人権への関心が意味するものを理解するために、ここでは、以下のようなガットマン（Gutmann, A.）の言説を取り上げたい。彼女は、人権という領域においては、寛容さにのみ依拠するのでは不十分であり、時には熟議という積極的なかかわりを持つ必要があると論じる。そして彼女は、熟議することへのコミットメントは、意見の異なる人びとを「理性および良心を授けられた」存在として尊敬していることを表現すると述べている。

　寛容は、人間的な事柄におけるきわめて善きものではある。しかし、それだけが善きものというわけではない。そして、まさしく人権という領域では寛容だけでは十分ではないのだ。というのは、私たちはなにが人権レジームにふくまれるかについて、一回かぎり合意すればそれで終わりというわけにはいかないからである。だから、人権の領域の進歩は—他の多くの政治的領域と同じように—寛容だけでなく熟議にも依拠している。そして他の人びとと共に熟議しようと思えば、私たちは彼らを寛容に扱うだけ

ではなく、それ以上のことをする必要があるのだ。私たちは他の人びとと建設的な関係をもつ必要があるのであり、そしてそのこと自体が、尊敬のひとつのかたちなのである[41]。

ガットマンの指摘に依拠して解釈すれば、外国人児童・生徒の文化を含めた人権についても、寛容であるだけでは不十分であると考えられる。外国人児童・生徒の文化を含めた人権に対しては、彼らとの建設的な関係を保つためにも関心を向け続ける必要があるのだ。

第5節 仮　　説

「平等重視にかかわる検討」「外国人児童・生徒の文化を尊重することの妥当性の検討」からは、外国人児童・生徒の必要性に配慮することの大切さと、自己と他者の置かれた状況や視点を反転させても受け入れられる理由により、相手に対する要求が正当化されるかどうかを吟味することの重要性が示された。また、公共性の議論の射程に外国人児童・生徒を含め、「反転可能性」の視点を持って相手の立場に立つことで、外国人児童・生徒の人権について適切に認識できることが示唆された。そして、外国人児童・生徒の課題を、彼らの語りから読み取り、「文化を標的にした差別／友だちの存在や対応」「教師から向けられた関心と共感的理解」「ルーツについての学び」の3項目を導き出すとともに、人権の視点からも読み取り、検討を加えた。さらに、それぞれの課題に合わせた概念や理論として、「自文化中心主義」「多文化教師教育」「移民学習」「文化を含めた人権への関心」を示した。これら一連の検討を踏まえ、外国人児童・生徒の異文化適応を促進する教師の働きかけについて、以下の4つの仮説を提示する。

1．日本人児童・生徒の自文化中心主義の是正

前節での検討から、自文化中心主義は他者危害の側面を有し、多数派の意識を変容させることなしに問題の解決に至らないことが明らかになった。教

師は、日本のような均質性が高い社会においては、日本人児童・生徒が異なる文化の習慣や価値観に慣れていないため、自文化中心主義的な考えを持ちやすいことを認識したうえで、日頃から日本人児童・生徒に対し、既存の価値観やものの捉え方が一部のグループの視点からのものであることに気づかせる支援をしていく必要がある。例えば日本のおむすびが、アメリカの学校では「Yuck!!（気持ち悪い!!）」といわれることもある現実を伝えることは、「キムチ」とはやし立てられた子の心情を想像させる効果がある。均質性が高い社会である日本で生まれ、育った子どもたちは、自分たちの文化がターゲットにされた被差別経験をほとんど有していないといえる。日本人児童・生徒の意図的、無意図的な「同化圧力」が、外国人児童・生徒の「境界化」の要因であることから考えても、教師は、日本人児童・生徒に「反転可能性」の吟味を常に意識させながら、相手の立場を想像する力を養いつつ、彼らの自文化中心主義を意識的に是正していくことが重要である。教師が、日本人児童・生徒の自文化中心主義を是正するという働きかけを行うことで、日本人児童・生徒の「同化圧力」を抑制し、外国人児童・生徒の異文化適応が促進されると考えられる。

２．外国人児童・生徒への適切な関心

　教師から向けられた関心と共感的理解が、外国人児童・生徒にとって支えとなっていたことが示された一方で、教師が自文化中心主義の影響を受けていれば、外国人児童・生徒に対し、彼らが支えられたと感じるような適切な関心を寄せることは難しいと考えられた。「境界化」の要因となる、教師の持つ「異文化性」の捉え方とは、自文化中心主義に捕われた「異文化性」の捉え方と解釈できる。つまり、教師は外国人児童・生徒に適切な関心を向けることによって外国人児童・生徒の異文化適応を促進することが期待できると同時に、もし自文化中心主義の影響を受けた「異文化性」を残したまま、外国人児童・生徒に働きかければ、教師自身が外国人児童・生徒の「境界化」の要因になることも考えられるのである。

　教師が外国人児童・生徒に適切な関心を向けるためには、教師が自分自身

の中にも他者危害の側面を有する自文化中心主義が存在している可能性に自覚的になること、そして外国人児童・生徒へ関与する際には、常に「反転可能性」の吟味を繰り返しながら、自身の異文化性の捉え方に修正を加え続けることが必要と考えられる。このように、自己を客観的に監視する視点を持ち合わせた、外国人児童・生徒への適切な関心が、外国人児童・生徒の異文化適応を促進すると期待できる。

3．ルーツについての学びの実施

外国人児童・生徒の語りから示されたように、ルーツについての学びは、外国人児童・生徒にとって困難を超える力となることが示唆された。また、移民学習の一形態であるルーツについての学びは、外国人児童・生徒の自尊感情を高め、「文化的アイデンティティと特質の保持」を支援するためにも、併せて日本人児童・生徒に対しては、海外へ移り住むことそのものや、外国人として他の国で暮らすことに伴う大変さに対して、より共感的な理解を促すためにも効果が期待される。

教師自身も、均質性の高い社会である日本で生まれ、育っている。さらに日本の教員養成大学・学部において、多文化教育を含む国際理解教育に関する科目は十分に提供されているとはいえない[42]。一定の教職科目の単位を修得すれば教員免許を取得することができる現状において、「たまたま異文化間教育に関心のある教員に出会った学生しか問題意識が抱けないのが現状」との指摘もある[43]。この2つを単純に結びつければ、現状では、多文化教育や異文化間教育など、マイノリティの子どもたちの教育について学ぶことなく教壇に立ち、アジアやその他の地域から移り住んできている外国人児童・生徒と向き合っていることになる。

例えば、教材研究の過程で、教師が自ら外国人児童・生徒の背景について学ぶことは、教師自身の認識をより正しいものへと導くことにつながる。教師が、ルーツについての学びを実施することで、外国人児童・生徒の異文化適応がさまざまな角度から促進される可能性があるといえる。

4．文化を含めた人権への関心

　これまでの教育施策において、外国人児童・生徒の文化の尊重については明確な記述が見られず、日本の社会においても外国人児童・生徒の文化を含めた人権に対する意識の希薄さや関心の低さが示唆された。また、ガットマンの言説からは、外国人児童・生徒との建設的な関係を保つために、彼らの文化を含めた人権に対して常に関心を向ける必要があると解釈された。
　教師が外国人児童・生徒の人権に関心を向けることは、彼らの立場を尊重し建設的な関係を構築し、保持することに繋がる。教師の文化を含めた人権への関心の有無は、「日本の集団との関係構築の難しさ」を引き起こすと考えられる、教師の持つ「異文化性」の捉え方にも影響を与える。これらのことから、教師が外国人児童・生徒の文化を含めた人権へ関心を向けることで、外国人児童・生徒の異文化適応が促進されることが期待される。

　第３章から第５章までは外国人児童・生徒の異文化適応にかかわる３つの事例研究を提示する。３つの事例は、ともに教師の働きかけが、外国人児童・生徒の異文化適応、つまり「外国人児童・生徒が自らの文化と異なる文化に接した時に、自らの欲求を満足させながら、その異なる文化と調和する状態や過程」に影響を与えていると考えられる事例である。事例研究１は小学校における実践を、事例研究２は中学校における実践を取り上げている。これら２つの事例研究が学校という場を対象としているのに対し、事例研究３は、学校を取り巻く環境、特に保護者の影響という視点を入れている。その意味において事例研究１、２とは異なる角度から教師の働きかけを検討しようとした点で、補完的な位置づけを持つ。質的研究においては、複数の研究法、多様なデータなどを組み合わせることにより、より多面的で妥当性の高い知見を得ようとする、トライアンギュレーションという考え方がある[44]。３つの事例研究の背景にはこの研究デザインにかかわる考え方がある。本研究では、その考え方に基づき３つの事例研究を行い、それによって多面的な知見を得るとともに、妥当性を高めていきたい。

これらの事例研究を通して、外国人児童・生徒の異文化適応を促進する教師の働きかけについて実証的な検討を行うとともに、外国人児童・生徒の異文化適応と教師の働きかけがどのように関係しているのかを論じていく。

―――――――――――――――――

注
1　ロールズ，ジョン著、川本隆史・福間聡・神島裕子訳『正義論』紀伊國屋書店、2011、p. xii。
2　第一に、社会生活の基本をなす「自由」は、平等に分配すべきこと（平等な自由の原理）。第二に、地位や所得の不平等は、2つの条件、すなわち、①最も不遇な人びとの暮らし向きを最大限改善する、②機会均等のもと、地位や職務を求めて全員が公正に競い合う―を充たすように、編成されるべきこと（格差［是正］原理と公正な機会均等の原理）。
3　ケリー，ポール「契約論的社会正義」バウチャー，デイヴィッド／ケリー，ポール編、飯島昇蔵・佐藤正志訳『社会正義論の系譜』ナカニシヤ出版、2002、pp. 257-260。
4　ウエスト，デイヴィッド「社会正義と社会民主主義の彼方に―積極的自由と文化的諸権利」バウチャー，デイヴィッド／ケリー，ポール編、飯島昇蔵・佐藤正志訳『社会正義論の系譜』ナカニシヤ出版、2002、p. 331 において引用されていた Marilyn Friedman の言葉。
5　ドイチ，モートン「正義と紛争」ドイチ，モートン／コールマン，ピーター・T.／マーカス，エリック・C.編、レビン小林久子訳・編『紛争管理論』日本加除出版、2009、p. 54。
6　衡平原則については、タイラー，トム・R.／ボエックマン，ロバート・J.／スミス，フェザー・J.／ホー，ユェン・J.著、大渕憲一・菅原郁夫監訳『多元社会における正義と公正』ブレーン出版、2000、pp. 54-59 も参考にした。equity の訳については、公平と、衡平の2種類が当てられるが、本書では、衡平とする。
7　人権については、長谷部恭男『憲法（第5版）』新世社、2011、pp. 9-10 より。
8　伊豫谷登士翁『グローバリゼーションと移民』有信堂高文社、2001、p. 21。
9　井上達夫編『公共性の法哲学』ナカニシヤ出版、2008、pp. 3-27。
10　森田尚人、小玉重夫、樋口陽一、久保義三など。
11　教育基本法　第1章「教育の目的及び理念」より。
12　齋藤純一「憲法と公共性―ロールズとハーバーマスの政治的統合をめぐって」長谷部恭男・土井真一・井上達夫・杉田敦・西原博史・阪口正二郎編『岩波講座　憲法3　ネーションと市民』岩波書店、2007、p. 30。
13　森茂岳雄・中山京子「移民学習論―多文化共生の実践にむけて」日本移民学会編『移民研究と多文化共生』御茶の水書房、2011、p. 307。
14　海外移住資料館企画・編集『海外移住資料館展示案内　われら新世界に参加す』独立行政法人国際協力機構横浜国際センター、2004、p. 43。
15　『ジュリスト』1398号（2010年4月10日）、p. 317 の「事実の概要」より。

16　法務省入国管理局『出入国管理（平成27年版）』2015、p. 21より。
17　文部科学省HPに掲載されている「外国人児童生徒受入れの手引き」p. 4より。http://www.mext.go.jp/component/a_menu/education/micro_detail/__icsFiles/afieldfile/2011/04/15/1304668_3.pdf（2011年10月18日取得）
18　佐藤郡衛『国際化と教育』放送大学教育振興会、1999、p. 81。
19　川端美樹「自文化中心主義と偏見」渡辺文夫編著『異文化接触の心理学』川島書店、1998、pp. 183-184。
20　*Folkways ; A study of the Sociological Importance of Usages, Manners, Customs, Mores, and Morals*, 1906.
21　サムナー, W. G. 著、青柳清孝・園田恭一・山本英治訳『現代社会学体系　第3巻　フォークウェイズ』青木書店、1975、p. 21より。
22　ゴルニック・チン、ストプスキー・リー、バルース・マニングの定義、およびエスノセントリズムを理解するうえでの重要な4点については、グラント, カール・A.／ラドソン＝ビリング, グロリア編著、中島智子・太田晴雄・倉石一郎監訳『多文化教育事典』明石書店、2004、pp. 151-153より。
23　多文化教育に関する部分は、福山文子「グローバル化の時代における多文化教育」嶺井正也編著『グローバル化と学校教育』八千代出版、2007、pp. 137-152を要約。
24　バンクス, J. A. 著、平沢安政訳『入門多文化教育』明石書店、1999、p. 22より。
25　バンクス、同上、pp. 3-4。
26　小林順子・関口礼子・浪田克之介・小川洋・溝上智恵子編著『21世紀にはばたくカナダの教育』東信堂、2003、p. 220。
27　Zuwanderung das neue Gesetz　ドイツ内務省資料　www.bmi.bund.de. より（2005年3月取得）。
28　KMKのHP　http://www.kmk.org.index1.shtml から引き出した、勧告「学校における異文化間教育」p. 5より（2005年3月取得）。
29　ドイツでも、外国人児童・生徒はさまざまな課題を抱えている。例えば、外国人児童・生徒の多くが学校の修了資格を得ることなく社会に出ているという現実がある。2003年において、ドイツ全体で約232万名がギムナジウムに在籍し、そのうち約4％が外国人であるのに対し、「単純労働者の供給源」ともいわれる基幹学校では、在籍総数約109万名のうちその占める割合は約22％である。そのうえ外国人児童・生徒には基幹学校修了資格すら得ない者も多いといわれている。職業資格が重んじられるドイツにおいて基幹学校すら修了していないことは職歴上致命的ともいえる。また、就学義務年齢の外国人児童・生徒のうち、就学しているものはおよそ75％から85％であり、トルコ人にあっては39％が不就学という報告もある。さらに、外国人児童・生徒への敵視傾向も指摘されている。バイエルン州でドイツ人児童がアルバムに「ユダヤ人とトルコ人の違いはなにか。ユダヤ人は片付いたが、トルコ人はまだだということだ」と書いたという事例報告もある。ドイツの外国人・児童生徒の抱える課題に関しては、福山文子「ドイツ公教育における外国人児童・生徒の法的地位と現状―デニズンの包摂を手掛かりとして」嶺井正也・国祐道広編著『公教育における包摂と排除』八月書館、2008、pp. 75-101より。

30 小松茂久『アメリカ都市教育政治の研究』人文書院、2006、p. 11。
31 八尾坂は、臨時教育審議会第二次答申（1986年）「大学は絶えず自己の教育、研究および社会的寄与について自ら検証し、評価することが要請され、そのための方法やシステムについて検討を深めることが望まれる。そのためには個別大学の自己評価のみならず、大学団体がそのメンバー大学を相互に評価し、アクレディテーションを実施し、大学団体として自治を活性化することも重要である」が、その端緒であると述べている。八尾坂修「アメリカにおける教師教育資格認定の歴史的推移と今日的方向」『奈良教育大学紀要　人文・社会科学』46巻1号、奈良教育大学、1997、p. 219。
32 八尾坂、同上、p. 219。
33 松尾知明「多文化教育と多文化教師教育―アメリカ合衆国における動向と現状」江淵一公編『トランスカルチュラリズムの研究』明石書店、1998、pp. 344-362。
34 全米教員養成大学協会（AACTE）による指針の全訳は、資料編にて示す。
35 ツァイヒナーは、ウィスコンシン・マディソン大学のカリキュラムおよび指導部門の教授であり、同時に教員学習に関する国立研究センターの主席研究員である。
36 Zeichner, K. M., "Educating Teachers of Cultural Diversity", *National Center for Research on Teacher Learning*, Michigan University, 1992, Table 2. Key Elements of Effective "Teacher Education for Diversity".
37 森茂・中山、前掲書、pp. 307-310。
38 1998年に引き続き、2008年3月告示の小学校社会科指導要領においても指導計画の作成に当たっては「博物館や郷土資料館等の施設の活用を図るとともに、身近な地域及び国土の遺跡や文化財などの観察や調査を取り入れるようにすること」との記載がある。例えば、JICA横浜海外移住資料館（神奈川県）、日本ハワイ移民資料館（山口県）など、ルーツについての学びに活用可能な資料館がある。各種、教育プログラムも活用可能である。詳しくは、福山文子「博物館活用に求められる『教師力』―『構成的な学び』の視点から」『社会科教育研究』110号、日本社会科教育学会、pp. 95-106。
39 文部科学省HP　http://www.mext.go.jp/b_menu/houdou/27/04/__icsFiles/afieldfile/2015/06/26/1357044_01_1.pdf より（2016年6月5日取得）。
40 簡単には、以下の通り。
《中国残留邦人とは》
　1945年当時、中国の東北地方（旧満州地区）には、開拓団など多くの日本人が居住していたが、同年8月9日のソ連軍の対日参戦により、戦闘に巻き込まれたり、避難中の飢餓・疾病等により多くの人が犠牲となった。このような中、肉親と離別して孤児となり中国の養父母に育てられたり、やむなく中国に残ることとなった人びとを「中国残留邦人」という。
　戦後の混乱の中、肉親と離別するなどし、国外に残留を余儀なくされ、長年筆舌に尽くせない苦労があった。厚生労働省HP　http://www.mhlw.go.jp/bunya/engo/seido02/より。

《ブラジルへ渡った日本人移民の歴史と経験》
　1908年に第1回ブラジル行き移民781名を乗せた「笠戸丸」が神戸港を出航した。

1928年には当時「緑の地獄」ともいわれていたアマゾン地域への移住も開始された。厳しい自然条件やマラリアなどと闘い、1930年代の日本語学校の閉鎖、さらには戦時中の資産凍結など、数々の困難を乗り越えながら主に農業分野で貢献し、ジャポネス・ガランチード（信頼できる日本人）との評価を得るまでになった（内務省は、1920年代に入ると人口問題、失業問題等の対策として、渡航費手数料の負担や渡航費の補助を行っている。国の保護奨励策のもとで多くの移民が送り出されたことが指摘できる）。

《韓国・朝鮮人にかかわる歴史》
　昔から渡来人という形で朝鮮人は暮らしていたが、1876年に締結された、日本が朝鮮に対して一方的に領事裁判権を有する不平等条約である「江華島条約」、さらには、1910年の「日韓併合」により、労働力として多くの朝鮮人が、一部は自発的に、一部は強制によって、日本国内に移住してきた。1945年の時点で、日本本土に200万名以上の朝鮮人がいたといわれている。同年8月15日の敗戦により、朝鮮は日本の植民地支配から解放され、短期間の間に150万以上の人が朝鮮半島に帰ったが、約50万の人は当時の朝鮮半島における政情不安や、異常なインフレ、持ち帰ることのできる財産が非常に制限されていたなどの事情から、日本に残った。その後1952年のサンフランシスコ講和条約により、在日韓国・朝鮮人は日本国籍を喪失し、日本社会に約50万の外国人人口が出現することになった（大沼保昭『新版　単一民族社会の神話を超えて』東信堂、1993、pp. 151-152、福岡安則『在日韓国・朝鮮人』中央公論社、1993、pp. 21-23より）。
41　ガットマン，エイミー編、添谷育志・金田耕一訳『人権の政治学』風行社、2006、pp. 27-31。
42　森茂岳雄「アメリカにおける多文化教師教育の展開と課題」『異文化間教育』25号、異文化間教育学会、2007、pp. 31-32。
43　田渕五十生「日本の教師教育と異文化間教育」『異文化間教育』25号、異文化間教育学会、2007、pp. 53-54。
44　サトウタツヤ「研究デザインと倫理」やまだようこ編『質的心理学の方法』新曜社、2007、pp. 23-24。

第3章

事例研究 1―教室内の多文化化と国際理解教育

第 1 節　本章の目的

　本章では、第 2 章で検討、提示した異文化適応における教師の働きかけをめぐる理論や仮説を踏まえ、具体的事例を通して実証的検討を試みる。本章で扱う事例においては、タイからの児童を受け入れた T 小学校の教諭が、当該児童の異文化適応を支援し、同時に日本人児童においても国際理解教育にかかわる変容を促す働きかけを行っており、その点に着目したものである。第 2 章で提示した、外国人児童・生徒の必要性と権利の視点から導かれた仮説をこのような現実の事例に即して検討しつつ、外国人児童・生徒の異文化適応と教師の働きかけとの間に、どのような関係があるのかについて考察する。

　日本における国際理解教育は、1950 年代のユネスコ加盟から始まり、数々の転機を経て拡大・多様化してきた。近年では、「国際理解教育というのは、外国の自然と地理、そこに住む人々の生活様式や文化の違いを学習する『国際理解』という偏った前提があったように思われる」という樋口の指摘[1]に代表されるような反省から、遠い外国のことを学びながら行う他国理解に重点を置いた国際理解教育だけでなく、国内で広がりつつある多文化状況を踏まえ、身近なものから国際理解を目指す実践が増えてきている。

　この流れの中に位置すると考えられるが、ここ数年教室内の外国人児童・生徒を「教材」とした国際理解教育の実践が数多く報告されている。具体例としては、ブラジル人児童など教室内に存在する外国人児童・生徒の食文化や生活文化、踊りなどを通し日本人児童・生徒の「異文化体験」を図るもの、あるいは中国帰国子女が在籍するクラスで、日本人児童・生徒に当該帰国子

女が中国から日本に渡ってくる時の気持ちを考えさせたり、中国帰国子女の生い立ちをもとに舞台劇を作り、日本人児童・生徒に中国帰国子女の生まれる背景や歴史の一部を理解させるもの、などが挙げられる[2]。特に小学校を中心に外国人児童・生徒が増加拡散傾向にある現実[3]の中で、これらの実践は国内で広がりつつある多文化状況を積極的に生かしている点、それにも増して実践の前後で日本人児童・生徒の内面に変容が認められた例が多数存在することから、日本人児童・生徒の変容という側面から、効果的な活動であると評価することができよう。

しかし、国際理解教育の目標の中に「互いを尊重し高める精神」[4]があるように、外国人児童・生徒、日本人児童・生徒のうちどちらか一方ではなく、双方の変容を同時に目指す視点こそ、今後の課題と捉えることができる。加えて、教師の意識によっては、外国人児童・生徒が出身国の食文化や踊りなどを披露する時、日本人児童・生徒の側は無自覚的とはいえ、自分とは異なる他者を作り出しやすい。あるいは外国人児童・生徒が「教材」にされることで、利用する側と利用される側という暗黙の差別化がクラス内で進行する可能性など、外国人児童・生徒を「教材」として扱うことが内包する危険性[5]も忘れてはならないだろう。

本章では以上の問題意識に立ち、外国人児童・生徒が「教材」となり、日本人児童・生徒という一部の生徒にのみ利益をもたらすのではなく、外国人児童・生徒の異文化適応も含めた双方の変容に結びつく国際理解教育が存在すると想定する。そして、そのような国際理解教育を可能とする鍵が、外国人児童・生徒を教え学ぶ過程の中心として扱うことなどを意識した、教師の働きかけの中に隠されていると考えた。そこで、本章では「外国人児童・生徒をめぐる教師の働きかけ」を中心に、両者の変容に繋がる国際理解教育の可能性とあり方について考察することとする。

以下、第2節において研究方法を、第3節においては具体的な事例を示し、外国人児童・生徒をめぐる教師の働きかけを中心に検討する。その事例の検討に基づき、第4節においては、教師の働きかけについて理論面での考察を行う。そして、第5節においては、教師の働きかけによって期待される外国

人児童・生徒、日本人児童・生徒両者の変容について論じる。第6節においては国際理解教育の目指すものと日本人児童・生徒の変容との類似性について述べる。最後に、このフィールドにおいて観察された、外国人児童の異文化適応における教師の働きかけに照らし、第2章で導き出された教師の働きかけに関する仮説を検討するとともに、外国人児童・生徒の異文化適応と教師の働きかけとの関係について論じる。

第2節　研究方法

本章における研究方法は以下の通りである。東京都杉並区内のT小学校をフィールドとして、タイからの児童であるKさんが在籍するクラスでの授業観察、Kさんに対する質問紙調査[6]、クラスの日本人児童27名に対する質問紙調査、およびこのクラスの担任であるT教諭へのインタビュー調査を行った。そして、外国人児童・生徒が日本国内でぶつかる障壁を手掛かりに、外国人児童・生徒への教師の働きかけについて理論的検討を行ったうえで、事例から見えてくるものを踏まえながら実証的検討を行った。

授業観察においては、日本人児童の発話を中心に同化圧力や児童同士の人間関係について探った。同時に、教師についても発話を中心に、日本人児童に対して「外国人児童」への親和的な働きかけを促しているかどうかを探り、併せて言語的不利益を軽減する教授法の実践状況に着目した。

日本人児童に対する質問紙は13項目から構成され、Kさんとのかかわりを通した意識の変化（下記質問項目の②、⑧）、コミュニケーション能力（下記質問項目の③、⑤）、外国人児童へ共感・尊重する意識（下記質問項目の④、⑦、⑨）行動における主体性（下記質問項目の⑪）などを読み取ることを目的とした。最初の項目では、Kさんがクラスに入ってくるまで、外国から来た子と一緒に勉強したり、遊んだ経験があったか否かをたずねた（①）。続く10項目については、「あてはまる」「どちらともいえない」「あてはまらない」の3件法を用いた。具体的な項目は、②「Kちゃんがクラスに入ってきた時、どう接していいのか最初とまどった」、③「先生が大きな声ではっきり話しかけ

るのを聞いて、Kちゃんには大きな声ではっきり話しかけるのがいいのかな、と思った」、④「黒板の文字がタイ語や英語だったら、全部うつすのは私にとっては大変なことだと思う」、⑤「Kちゃんと話す時は、目をみるようにしている」、⑥「先生はKちゃんががんばっていることをちゃんと見ていると思う」、⑦「Kちゃんは、私から見て、がんばっているなと思う」、⑧「最初はとまどったが、今はKちゃんに話しかけられるし、もし困っていたら助けてあげられると思う」、⑨「Kちゃんから一生懸命取り組む姿勢とか、教えられたことがある」、⑩「言葉が通じなくても、心が通じることがあると思う」、⑪「いろいろな国の子が、またクラスに入ってきても、話しかけたり、困っていたら助けてあげられると思う」である。12項目目は、外国の学校で学ぶとしたら、何に困ると思うかについて質問した。選択肢は、「ともだち」「勉強」「言葉」「その他」であり、単一選択とした。最後の項目は自由回答形式とし、「Kちゃんが、クラスに入ったことによって、自分が変わったと思うことはありますか。それから、Kちゃんに対して何か気をつけていることはありますか」（⑬）とたずねた。また、この日本人児童に対する質問紙は、教諭を通して配布・回収を行った。

　Kさんに対する質問紙調査は、11項目から構成され、すべて「あてはまる」「どちらともいえない」「あてはまらない」、の3件法を用いた。これは、Kさんが、友人関係や教師の対応について、どの程度満足しているかを探ることを目的とするものである。具体的な項目は、(1)「じゅぎょうちゅう、せんせいはジェスチャーをつかってくれる」、(2)「じゅぎょうちゅう、せんせいはくりかえしておしえてくれる」、(3)「じゅぎょうちゅう、せんせいはおおきなこえではっきりおしえてくれる」、(4)「せんせいは、こくばんでたいせつなところに、しるしをつけてくれる」、(5)「せんせいは、わたしにゆっくりはなしかけてくれる」、(6)「せんせいは、ほかのことおなじように（びょうどうに）わたしにせっしてくれる」、(7)「ともだちとなかよくしている」、(8)「にほんごでじゅぎょうをうけるのはたいへんだが、すこしずつわかるようになっている」、(9)「せんせいは、じぶんががんばっていることをわかってくれている」、(10)「がっこうはたのしい」、(11)「ともだちはしん

せつだ」である。また、このKさんに対する質問紙も、教諭を通して配布・回収した。

　教師に対するインタビュー調査は、半構造化面接によるものとした。準備した項目は17項目である。これらの項目をそのままインタビュー対象者に投げかけるのではなく、項目をもとに、「反対の立場からの質問」「仮説的質問」および「解釈的質問」などの質問形式[7]を主に用い、できる限りクローズド・クエスチョン（制限的質問）を避けるようにした。それらの質問形式を用いることにより、インタビュー対象者が自由に語れる環境作りを心掛けた。また、自然な会話の中でインタビューを行うことを目指し、全ての項目についてインタビュー対象者から発話を引き出すために3度の半構造化面接を行った。

　インタビューでは、主に教師の言語的不利益を軽減する教授法に対する意識（下記質問項目の［1］〜［8］）や、異文化性の捉え方（下記質問項目の［14］〜［17］）などを探ることを目的とした。具体的には、［1］「授業中使用する言葉は、意識的にゆっくりと話している」、［2］「授業をするにあたり、ジェスチャーを多用している」、［3］「分かりづらいと思われる言葉は、平易な表現に言い換えている」、［4］「理解を助けるために図解や、絵を書くことなどを心掛けている」、［5］「大きな声ではっきり話している」、［6］「大切なところには下線を引くなど注意を喚起している」、［7］「授業中、繰り返しを心掛けている」、［8］「直接手で触れることができる教材を活用している」、［9］「ピアティーチング、グループワークの形態を心掛けている」、［10］「時間が足りない」、［11］「ヘルパーが欲しい」、［12］「特別な教材などのために、予算を計上して欲しい」、［13］「生徒の家族との意思の疎通が困難である」、［14］「外国人児童を受け持つ教師は、人種偏見や自民族中心主義に陥らない意識を持つことが望ましいと思う」、［15］「外国人児童を受け持つ教師は、どの児童も伸びるという期待を持つことが望ましいと思う」、［16］「外国人児童を受け持つ教師は、児童のこれまでの経験を受入れ尊重することが望ましいと思う」、［17］「外国人児童を受け持つ教師は、当該児童を教え学ぶ中心として扱うことが望ましいと思う」といった項目である。

これらの調査を通し明らかにされた教師の働きかけと外国人児童の適応状況を踏まえ、第2章で提示した仮説が、この実践の中で確認されるのかどうかを検討し、教師の働きかけと外国人児童との間にどのような関係があるのかを示した。

第3節　外国人児童・生徒をめぐる教師の働きかけ
　　　　　―T小学校の事例

　前節で説明した質問項目を用いて、2002年11月から12月にかけてのべ8日間にわたり、東京都杉並区内のT小学校において授業観察、インタビュー調査などを行った。T小学校には、第5学年に6ヶ月ほど前に来日した駐在員子女のKさんが在籍していた。多くの外国人児童・生徒受け入れ校の中から、T校を選んだのは、在籍半年足らずのKさんが全校生徒を前に交友関係や将来の夢などについて、日本語でスピーチを行ったと聞いたからである。小林が論じたように、子どもが自信を持っている、あるいは満足しているということを適応の目安にし、また、秋山がカテゴリー化した、異文化適応の要因の一つである語学を含む知識領域に照らしても[8]、異文化適応が順調であると推測され、その育ちを支える担任教師の対応は適切である可能性が高いと判断された。

1．Kさんの様子

　授業観察の全期間にわたり、Kさんは非常にリラックスして笑顔が多く、休み時間には「せっせせのよいよいよい」など言語をほとんど必要としない遊びに複数の日本人児童が誘い、お互い楽しそうに過ごしていた。また誰もしばらく寄ってこない場合はKさんの方から近づいて、相手の子が持っている毛糸などを手掛かりに接点を持とうとしていた。
　Kさんは、友だちに何かたずねる時も、遊ぶために近づく時も迷いがない。筆者の見ていた限り、Kさんが友だちに何かたずねるために肩をつついたり、机をとんとんする時相手は必ず笑顔で対応していた。このKさんの迷いの

なさは、友だちが受け入れてくれるという安心感、友だちに対して抱いている信頼感から出ているものと解釈できる。Kさんに対して行った質問紙調査においても、「ともだちとなかよくしている」「がっこうはたのしい」「ともだちはしんせつだ」の項目について、「あてはまる」と回答されていた。「同化圧力による人間関係の軋轢」は特に認められなかったといえる。また、冷やかしやからかい、いじめといったものは、Kさんに対してのみならずクラス全体に認められず、民族的差別や偏見などに起因する困難を確認することはできなかった。

　ただし、日本語をきちんと理解することはまだ難しく、そのことは授業中の発語および挙手がほとんど認められないことからも読み取ることができる。しかし、全校生徒の前でスピーチを行ったこと、漢字混じりの板書を完全に写し、家庭学習に繋げていること、T教諭からの個別の問いかけに対応していることなどから、言語面での適応は良好であると思われた。

2．担任であるT教諭の対応

　担任であるT教諭は20年余りの教師経験を有するが、外国人児童の指導は今回が初めてとのことであった。

　まず、筆者が観察期間中に耳にした、「できることを、できる人がやりなさい」「素直な心で考えて」「（自分で）判断しなさい」といった、自ら考えて行動することを促す日頃の指導は、同化圧力を伴わない親和的な人間関係の構築などに影響を及ぼし、日本人児童からのKさんへの働きかけを促していると思われた。例えば、T学級において配布係は2名決まっているが、ノートなど記名されたものを返却する際、他の生徒も手を貸すことが暗黙の決まりごととなっていた。つまり手が空いているにもかかわらず手伝わないのは、「できることをできる人がしていない」のであり、T教諭は配布係に急いで配布するようにいうのではなく、周りの生徒に今何をしたらよいか考えるように促していた。そして、自律的な行動を生徒がとった時には笑顔を向けるなどの肯定的なサインを示していた。

　授業観察において認められた自律的な行動には、例えば、A君がボビン

ケースをなくして床を探していた時「A君、どうしたの？」と数名の生徒が声をかけたことや、Kさんが算数の問題に苦心している時、先に問題を解き終わったBさんがT教諭のところへ「教えてあげてもいいですか？」とたずねるために席を立ったこと、あるいは、隣のクラスの先生に叱られて泣いているW君について、数名が擁護しながらT教諭に対し状況を説明したことなどが挙げられる。Kさんに対して特別意識はしていないが、誰に対しても困っている人がいれば行動する、換言すれば自ら課題を見つけ自主的に行動する姿勢がクラス内の多くの児童に培われている。つまりT教諭は外国人児童、日本人児童の枠を外した形で、かねてより主体的かかわりの機会を積極的に提供してきたといえる。

次にT教諭に対して行ったインタビューに際しては、「外国人児童を受け持つ教師は、人種偏見や自民族中心主義に陥らない意識を持つことが望ましいと思う」「外国人児童を受け持つ教師は、児童のこれまでの経験を受入れ尊重することが望ましいと思う」「外国人児童を受け持つ教師は、当該児童を教え学ぶ中心として扱うことが望ましいと思う」などの、外国人児童・生徒に向き合ううえでの意識を探る問いかけの項目を用意し、T教諭の異なる文化に対する捉え方を理解しようと試みた。「手は差しのべるけれど、中心にはしていない」と答えつつも、教師として常に意識していることの一つに、人間として「教師と生徒が対等であるということ」を挙げていたこと、および「国籍にかかわらずどの生徒に対しても平等に接することは教師として当然のこと」と述べていたことからも、「多文化理解」への意識化はされていないものの人種や民族を超え、一人の人間として児童を尊重しようとする姿勢、あるいは公正への意識を窺い知ることができた。

最後に、教授法に関しては、Kさんを最前列の中心に座らせ、T教諭が常に彼女のすぐ近くで大きな声ではっきり言葉を発していたこと、視覚的な糸口を与えていたこと[9]、平易な表現への言い換え[10]重要事項の繰り返し、強調[11]など、授業中至るところで配慮が見られた。

以上のT教諭の外国人児童への対応は、Kさんの適応を促進する役割を果たしていると考えられる。また、Kさんが「せんせいは、ほかのことおな

じように（びょうどうに）わたしにせっしてくれる」「せんせいは、じぶんががんばっていることをわかってくれている」との項目について「あてはまる」と回答していることからも、T教諭がKさんを人種や民族を超え一人の人間として尊重していることが読み取れる。

3．日本人児童の意識

　この点に関しては、質問紙に対する回答を中心に考察を行うこととした。回収数26のうち（欠席1名）、帰国子女を含め5名の生徒がこれまで外国人児童・生徒との遊びや学習の経験を有するが、過半数の児童にとってKさんは初めての身近な外国人児童である。Kさんが転入してきて最初戸惑ったと答えているのがちょうど半数の13名（50％）であった。その中で、彼女とともに5ヶ月以上過ごした現在、「将来色々な国の子がクラスに入ってきたら、次回は戸惑わずに話しかけたり、必要に応じて手助け等できると思う」と答えた者が10名であった。

　その他で半数以上が「あてはまる」と回答した項目は、以下の通りである。「先生はKさんががんばっている事をちゃんと見ていると思う」（25名：96％）、「Kさんはクラス内でがんばっていると思う」（24名：92％）、「Kさんと話す時は目を見るようにしている」（17名：65％）、「言葉が通じなくても心が通じる事があると思う」（16名：62％）。

　また、Kさんの転入前後で変化したと思われることについての自由記述には、「教室全体が明るくなった」「自分が大人になったように感じられる」「自分がやさしくなった」「がまんをするようになった」などがあった。また、Kさんに対して気をつけていることとして、「なるべく話しかける」「動きをくわえながら話す」「あまり厳しい言葉で話しかけない」「強く言ってKさんを怒らせないようにしている」などがあった。

　以上のことから、日本人児童に、主体的に行動する態度の育ちやコミュニケーション能力の育成などを認めることができるであろう。特に最初対応に戸惑った13名のうち10名が、次回は行動を起こせるだろうと答えている点は、意味のあるものと考えられる。

この事例の分析からは、T教諭の働きかけが、日本人児童と外国人児童、その双方の変容を導いていたことが読み取れる。

第4節　教師の働きかけに関する理論的検討

　前節での事例を踏まえ、本節では、外国人児童・生徒の異文化適応を規定する要因を手掛かりに教師の働きかけについて理論面での考察を行うことにする。佐藤は外国人児童・生徒の異文化適応を規定する要因として、対人関係における意図的、無意図的な同化圧力、民族的差別・偏見を挙げている[12]。また、村田は、「日本語ができないことが授業を受ける場合の最大の障害になっている」[13]と述べ、言語も適応を規定する一因であることを示唆している。

　つまり、外国人児童・生徒が日本国内でぶつかる障壁は、第一に、同化圧力を伴った対人関係、第二に多文化に対する不十分な理解、そして第三に、言語による学習上の不利益などであると考えられる。そこで、教師がこれらの障壁を認識し、外国人児童・生徒がその障壁を乗り越えたり、乗り越えやすくするために配慮すること、あるいは行動することが、外国人児童・生徒をめぐる働きかけにおいて重要であると考える。

　次に、前述の3つの障壁と関係づけ、教師の働きかけを、①同化圧力を伴わない「外国人児童・生徒への働きかけ」の支援、②「多文化理解に対する肯定的な構え（姿勢）」を伴う対応、③「言語的不利益を軽減する教授法」の実施の3項目に分類し、検討を行うことにする。

1．同化圧力を伴わない「外国人児童・生徒への働きかけ」の支援

　日本人児童・生徒に対し「外国人児童・生徒への働きかけ」を促す際、日本人児童・生徒にはまず、多数者にわかりにくい同質や同化の圧力が存在することについて認識をさせることが必要であろう。そのうえで重要なことは、芹田の言葉を借りれば「自分の目で確かめてみる事」である[14]。このことは、声を上げにくい少数の人たちの痛みを理解するには、知的理解だけでは不十

分であるということを指摘したものである。芹田は、「同質であるということ自体が、同質でないものにとって大変な圧力であるということが、同質の方ではわからない」とも述べている。もし「同質でない側」の苦痛を理解しようとするなら同質の側は、意識的にその苦痛を知ろうとすることが必要であり、さらにいえば、日本人児童・生徒自ら同化圧力回避に向け課題を見つけ考え、行動を起こさなければならないのである。

　一方、近年「参加」「参画」、あるいは「直接体験」[15]などの用語の使用が認められるが、これらの活動も「知的理解を超えた」学びの場という文脈の中で語られることが多い。この点において、日本人児童・生徒からの「外国人児童・生徒への働きかけ」は、日本人児童・生徒にとっての学びの場となる可能性を有するといえるであろう。教師は、日本人児童・生徒からの「外国人児童・生徒への働きかけ」が持つ、特性や可能性を認識したうえで日本人児童・生徒に「外国人児童・生徒への働きかけ」を促す必要があるだろう。

　では、どのようにしたら「働きかけ」という主体的なかかわりを動機づけることができるのであろうか。ハート（Hart, R. A.）は、「子どもは直接に参画してみて初めて自分の能力を自覚すると同時に『参画への責任感』を有する」[16]と述べている。このことから考えると、逆説的な言い方ではあるが、子どもたちは主体的なかかわりを通してしか主体的なかかわりのあり方を学べないといえる。つまり、教師に求められる役割は、日本人児童・生徒に主体的なかかわりの機会を積極的に提供していくことと考えられる。例えば、教室内に存在する外国人児童・生徒が抱える問題や外国人児童・生徒との接触から生じる問題を教師の側からのみ解決しようとするのではなく、日本人児童・生徒に投げかけ、問題解決に向けて日本人児童・生徒自らが考え行動する機会を提供することなどが求められる。

　第3節で扱った事例においては、T教諭は、「できることを、できる人がやりなさい」「素直な心で考えて」「（自分で）判断しなさい」といった、自ら考えて行動することを促す日頃の指導を通して、自ら課題を見つけ自主的に行動する姿勢を培っていた。このような指導が、同化圧力を伴わない「外国人児童・生徒への働きかけ」を促したものと考えられる。

2.「多文化理解に対する肯定的な構え（姿勢）」を伴う対応

　民族的差別・偏見など、外国人児童・生徒の文化差からくる苦痛を軽減するために教師に求められるものは、教師の多文化理解に対する肯定的な構えである。このような構えは外国人児童・生徒に対する教師の態度や言動に影響を与えるものとして、重要な要素であると考えられる。

　では、多文化理解に対する肯定的な構えに必要なものとは何であろうか。非英語圏からの公立学校への生徒の流入が社会問題化しているアメリカにおいて、教室内の多文化化に関し多くの著書があるゴルニックとチン（Gollnick, D. M. & Chinn, P. C.）によれば、指導する教師が主に留意すべき点は LEP（Limited English Proficiency：限られた英語の習熟度）を抱える子どもたちを教え学ぶ過程の中心として扱い、教師自らは自民族中心主義に陥ることなく、非英語圏からの子どもたちの人権を尊重しながら、置かれた状況や背景を理解しようと努力することである[17]。またベネット（Bennett, C. I.）が述べるように、「教師が人種偏見や自民族中心主義に陥っていては、様々な文化的、人種的あるいは社会経済的背景を有する生徒に働きかける事は不可能」なのである[18]。

　日本においてもまた、教室内で起こり得る文化的差異状況は多様であり、もはや事前に想定することはできない。外国人児童・生徒を教え学ぶ過程の中心としながら、文化的差異に寄り添い、教師自身も自分と異なる文化を学び変容していくという意識と柔軟性を持って、彼らへの対応をすることが求められていると考えられる。

　前節における事例においては、T教諭が「国籍にかかわらずどの生徒に対しても平等に接することは教師として当然のこと」と述べていたことから、「多文化理解」への意識化はされていないものの、T教諭が人種や民族を超え、Kさんを一人の人間として尊重していると考えられた。このようなT教諭の意識は、「多文化理解に対する肯定的な構え（姿勢）」を伴う対応の前提となるものといえる。

3. 「言語的不利益を軽減する教授法」の実施

　第一言語で授業を受けられない子どもたちにとって、環境に馴染めないと感じる最大の要因は「言語」である。村田によれば、言葉の問題が外国人児童・生徒にとって大きな負担であることを表す当該児童・生徒の訴えは多く、深刻である[19]。ここでは教師の工夫や配慮により言語的不利益を軽減し得るという立場からなされている、いくつかの工夫や実践を取り上げてみたい。

　バンクスとバンクス（Banks, J. A. & Banks, C. A.）に引用されているオバンド（Ovando, C. J.）は、「言語の多様性と教育」について論じている中で、LEPの生徒への対応策として参加型の授業を提案している[20]。アマト（Amato, R.）らは、教師の働きかけ方は対象となる生徒の英語能力とクラスのタイプに左右され、例えば初級から中級の英語レベルの生徒が原学級にいる場合、LEPの生徒にとって適切な援助が整っているクラス環境が重要であると強調している[21]。あるいは、主に数学教授に限定していえば、デールとキーバス（Dale, T. C. & Cuevas, G. J.）は、数学特有の言語に注意を払うことの重要性を指摘している。彼らは、数学で使用されるような言語の特殊性を有効に使用することが、英語を第一言語としない生徒の要求に答えることに繋がると強調している[22]。

　ほかにも、教師がLEP生徒へ働きかける重要な方策がある。教師が話す速度を緩めたり、語彙数や文章の長さを制限したり、重要事項を繰り返す教授技能（spiraled skill）が大切である。さらに、強調や重要概念の説明に配慮したり、例や小道具、視覚的な糸口あるいはボディランゲージなどの使用により本来伝えられるべき意味を補う効果が期待できる[23]。また、八尾市立北山本小学校の中国「帰国」児童教育研究部によれば、児童の実態に応じて易しい日本語へ言い換えたり、補足説明を行うことにより理解の向上が期待できるのである[24]。それ以外にも、文章教材にふり仮名のあるものとないものをできるだけ用意する[25]、直接手で扱うことのできる教材（manipulatives）や映像を用いることを勧めている。さらに、体験学習の活用、重要事項の板書、授業の終わりに要点をまとめること、次回の授業の予告を行うなど、教師は

外国人児童・生徒の立場から適切な手法を発展させていくことが重要となるだろう。

第3節における実践において、T教諭は、Kさんを最前列の中心に座らせていた。また、常に彼女のすぐ近くで大きな声ではっきり言葉を発していたこと、視覚的な糸口を与えていたこと、平易な表現への言い換え、重要事項の繰り返しや強調を行うなど、「言語的不利益を軽減する教授法」を実施していたといえる。このように、T教諭は、外国人児童・生徒が日本国内でぶつかる障壁を乗り越えやすくする働きかけを行っていたことがわかる。

第5節　教師の働きかけにより期待される児童・生徒の変容

本節では、前節で提示した①同化圧力を伴わない「外国人児童・生徒への働きかけ」の支援、②「多文化理解に対する肯定的な構え（姿勢）」を伴う対応、③「言語的不利益を軽減する教授法」の実施という、3つの教師の働きかけにより期待される児童・生徒の変容について、外国人児童・生徒、および日本人児童・生徒に分けて論じる。また、そのそれぞれに対し、事例を踏まえつつ考察を加える。

1．教師の働きかけにより期待される外国人児童・生徒の変容

(1) 同化圧力を伴わない「外国人児童・生徒への働きかけ」の支援

日本人児童・生徒からの、同化圧力を伴わない「外国人児童・生徒への働きかけ」により、日本人児童・生徒と外国人児童・生徒との間に親和的な関係が築かれることが期待される。例えば、中国帰国子女が、見知らぬクラスメートと向き合い気持ちが張り詰めていた時に、その中の一人が、中国旅行の経験から覚えた中国語で自分の名前を告げ、中国で習った歌を聞かせてくれたことについて作文に書いている[26]。その後、当該帰国子女は「私はクラスの全部の女生徒と友達になりました」と書いていることから、日本人児童・生徒からの同化圧力を伴わない働きかけが、望ましい人間関係に結びつ

いたことが読み取れる。このような、日本人児童・生徒からの同化圧力を伴わない働きかけを促す支援が教師によってなされることで、外国人児童・生徒が障壁を乗り越えやすくなるものと思われる。

事例においても、複数の日本人児童が言語をほとんど必要としない遊びにKさんを誘うことで、「がっこうはたのしい」「ともだちはしんせつだ」というKさんの気持ちを導いていたと解釈することができる。

(2)「多文化理解に対する肯定的な構え（姿勢）」を伴う対応

教師の多文化理解への肯定的な構えが教室内で外国人児童・生徒に向けられる差別や偏見を是正し、外国人児童・生徒の異文化適応を促進することが期待される。例えば、外国人児童・生徒が教師の対応により異文化適応にかかわる困難を乗り越えた例として、ペルーから来日した児童が、級友からの差別による孤立を経験し、教師に助けを求めたものがある[27]。以下のような外国人児童の言葉から、被差別の体験さえも教師の適切な対応により人間的な育ちへと繋がり得ることが分かる。「みんなもさべつしていることにきづいて、―中略―私はうれしかった。―中略―みんなも友だちかんけいのことがわかったと思う。だから私は、これから友だちをいっぱいつくりたいと思った。あとこまっている子とかおったら、てつだってあげたいなとおもった」。

第3節における事例においては、民族的差別や偏見などに起因する困難は認められなかった。T教諭の、人種や民族を超え一人の人間として児童を尊重しようとする対応により、差別や偏見が低減されてきた可能性が指摘できる。

(3)「言語的不利益を軽減する教授法」の実施

言語がわからなければ、知識や情報を得ることはできない。その点において言語による不利益を軽減する教授法は、外国人児童・生徒の理解を助け授業におけるよりスムーズなキャッチアップに繋がる。教師が外国人児童・生徒に対して伝えたい情報がある時、個々の外国人児童・生徒の言語能力に合

わせた教授法を意識することにより、彼らが獲得できる情報量を増すことが期待される。また、外国人児童・生徒の、理解できるという経験は、学ぶ意欲においてもプラスに働くものと考えられる。第3節の事例においても、Kさんの日本語の理解について課題が残されてはいたものの、言語的不利益を軽減する多様な工夫がT教諭によってなされており、言語面での適応が促進されたと考えられる。

2．教師の働きかけにより期待される日本人児童・生徒の変容

(1) 同化圧力を伴わない「外国人児童・生徒への働きかけ」の支援

　教師からの支援により、外国人児童・生徒への同化圧力を回避した主体的かかわり（直接的体験）を経験することで、日本人児童・生徒は人権尊重や多文化理解などに関する「知識」を、わかるだけでなく使えるものに高めていくことが期待される。

　日本人児童・生徒が外国人児童・生徒と直接かかわることで、文化を背景とした考え方の相違に気づかされることもある。そのような時、日本人児童・生徒が、当事者としてどのように折り合いをつけていくのか、実体験の繰り返しを通して初めて学べることがあると考えられる。

　第3節の事例において、Kさんが転入してきて最初戸惑ったと答えていた13名の日本人児童のうち10名が、彼女とともに5ヶ月以上過ごした後、「将来色々な国の子がクラスに入ってきたら、次回は戸惑わずに話しかけたり、必要に応じて手助け等できると思う」と答えている。この結果は、直接的体験を通した、日本人児童の変容と解釈できよう。

(2)「多文化理解に対する肯定的な構え（姿勢）」を伴う対応

　教師の多文化理解に対する肯定的な構えに触れることにより、日本人児童・生徒は、外国人児童・生徒を尊重する態度を学ぶことが可能となる。日本人児童・生徒は、教室内で教師がどのように外国人児童・生徒に接しているかを常に見ている。教師が、外国人児童・生徒の気持ちに寄り添い、発言、行動することで、日本人児童・生徒は外国人児童・生徒を尊重することにつ

いて知的理解を得ると同時に、そのような発言や行動が正しいものであると認識すると考えられる。

　第3節の事例においても、日本人児童は「先生はKさんががんばっている事をちゃんと見ていると思う」(25名：96％) と認識し、「Kさんはクラス内でがんばっていると思う」(24名：92％) と、Kさんの頑張りを承認している。この結果は、教師の態度から児童が学び、影響を受けることを示唆しているといえる。

(3)「言語的不利益を軽減する教授法」の実施

　日本人児童・生徒は、言語的不利益を軽減する教授法を目の当たりにすることにより、外国人児童・生徒と言語的コミュニケーションを円滑に運ぶための技術を習得すると考えられる。例えば授業において、教師が言葉の繰り返しなどの工夫により外国人児童・生徒の理解を支援していれば、日本人児童・生徒はそれらの教師の工夫を、言語的コミュニケーションを円滑に運ぶための技術として学ぶことができる。

　第3節の事例においても、日本人児童の65％が「Kさんと話す時は目を見るようにしている」と答え、自由記述においても「なるべく話しかける」「動きをくわえながら話す」など、言語的コミュニケーションにかかわる記述が見られた。

第6節　国際理解教育の目指すものと日本人児童・生徒の変容

　ここでは、国際理解教育の目指すものと、教師の働きかけにより期待される日本人児童・生徒の変容との類似点を明らかにすることにより、教師が外国人児童・生徒をめぐる適切な働きかけを行うことを通して、日本人児童・生徒が国際理解に必要な資質を身につける可能性について探ることとする。

1．国際理解教育の目指すもの

　「国際理解教育とは何か」、その定義はさまざまであり、また、その目標も

多様である。ここでは、東京都国際理解教育推進委員会が挙げている目標、指導の視点、育てたい資質、能力、態度、日本ユネスコ国内委員会の国際理解教育に関する見解や、樋口が試みている総括的な概念化[28]などを総合し、以下のようにまとめることとする。
（1） 共生社会に生きるために必要な概念「人権尊重・多文化理解・脱自民族中心主義」の認知的理解
（2） 表現力、コミュニケーション能力の育成
（3） 生涯にわたり、責任ある国際社会の一員として課題を見つけ解決に向け参加・協力できる主体的態度の育成

　上記３点から、国際理解教育の目指すものは、人権尊重などの概念理解、コミュニケーション能力の育成とともに、問題解決に向けともに考え行動できる主体的態度の形成までを視野に入れた、共生社会で生きるための資質の育成と捉えることができる。
　国際理解教育の目標は「単なる知的理解に止まることなく、望ましい価値的態度の形成を目指すものである」[29]以上、「他者理解」で終わってはならない。国際理解教育は、他者理解にとどまらず、あらゆる事象を自文化中心のフィルターを通して見ていたことへの気づきと、その気づきが契機となる自文化中心主義から少しでも自由になるという自己変容に繋がるものを目指さなくてはならないと考えられる。

２．期待される日本人児童・生徒の変容との類似点

　第５節第２項で述べた通り、日本人児童・生徒は、教師の多文化理解への肯定的な構えを通し、外国人児童・生徒をどのように尊重していけばいいのか、文化差への敬意とはどのようなものか、また自文化中心主義を脱することが何を意味するのかなどさまざまなものを知的に学ぶことが可能となる。これは、共生社会で生きるのに必要な概念や態度の認知的理解と捉えることができる。つまり国際理解教育の目指すものの第一点目と共通する。
　次に教師が言語的不利益を軽減する教授法を駆使しながら授業を進めるこ

とにより、日本人児童・生徒は外国人児童・生徒とコミュニケーションを図るうえでのヒント（話す速度を緩めたり、繰り返しを多用したり、難しい言葉は易しい日本語に置き換えるなど）を学び、実践に備えることができる。この点は国際理解教育の目指すものの第二点目に通じる。

最後に、教師は、外国人児童・生徒が抱える問題や外国人児童・生徒との接触により生じる問題を、教師の側に閉じ込めることなく日本人児童・生徒に投げかける必要がある。日本人児童・生徒は自ら考え、解決に向け行動を起こす機会を得ることとなり、その経験を通して主体的に行動する態度を身につけることが期待できよう。この点は国際理解教育の目指すものの第三点目に繋がる。

第7節　小　　括

国際理解教育の目標の中に「互いを尊重し高める精神」があるように、日本人児童・生徒、外国人児童・生徒、その両者の変容が同時に目指される必要がある。外国人児童・生徒の異文化適応を規定する要因を手掛かりに効果的な教師の働きかけを検討すると、国際理解教育の理念に通じるものが少なからずあった。筆者はその点に着目し、外国人児童、日本人児童、その双方の変容を導いていたT教諭の実践を踏まえながら、全ての児童・生徒の変容につながる教師の働きかけについて考察した。

本章ではまず、具体的な事例を示した。その事例分析をもとに、外国人児童・生徒の異文化適応を規定する要因を探り、外国人児童・生徒をめぐる働きかけについて理論面での考察を行った。そして、その働きかけを通して期待される外国人児童・生徒、日本人児童・生徒双方の変容について事例を踏まえながら、実証的に検討を行った。さらに期待される日本人児童・生徒の変容と国際理解教育の目指すものとの類似点から、外国人児童・生徒の異文化適応を規定する要因に配慮した教師の働きかけが、日本人児童・生徒の国際理解教育へと繋がることを示した。

民族であれ、文化、思想であれ、自分と異なるものを認め受容する姿勢を

培うことは、国際社会の一員として大切なことである。しかし経験からすでにわかっているように、異なる文化との接触機会を単純に増やすだけでは、差別や偏見の危機に対処することは難しい。この姿勢は意識的に学び取るものであり、差別や偏見などを適切に是正する環境の中でこそ獲得が可能となるのである。教室内で外国人児童・生徒と日本人児童・生徒との接触の機会が想定される現在、教師は外国人児童・生徒の適応を常に念頭に置きながら多文化理解への肯定的な構えをクラス全体に身をもって示し、言葉の問題にも配慮しつつ、外国人児童・生徒が抱えている問題や外国人児童・生徒との接触により生じる問題[30]などへの解決に向け、日本人児童・生徒を積極的に関与させることが求められている。そのことが、日本人児童・生徒にとって最も身近な隣人を尊重できたという体験と自信に繋がっていく。

「(他者と) 共に生きることを学ぶ」[31] ことは、教育にとって最大課題の一つである。教室内でも多文化化が進む今日、国際理解教育のために特別な時間をとり、新しく授業を組み立てなければならないという意識を払拭し、教師はあらゆる機会を活用して子どもたちに、国際社会で生き抜く資質を身につけさせる責任がある。そのためには、最も身近な、クラス内に既存のあるいはこれから在籍するであろう「外国人児童・生徒」の小さな「声」にまず教師が耳を傾けることが求められる。

外国人児童・生徒をテーマとしてではなく、教え学ぶ過程の中心として扱う教師の対応が、両者の成長を支えるのである。教室内における外国人児童・生徒の在籍が想定される現在、この環境の変化を好機と捉え、学級内で日々繰り返される外国人児童・生徒への対応を国際理解教育へと繋げていく発想が求められる。

以上の事例研究1では、タイからの児童を受け入れた小学校のT教諭が、当該児童の異文化適応を支援し、同時に日本人児童においても国際理解教育にかかわる変容を促していた。ここではこの事例における教師の働きかけに照らし、第2章で導き出された仮説を検討するとともに、外国人児童・生徒の異文化適応と教師の働きかけとの関係について論じる。

まず、T教諭は、「同化圧力」を意識はしていないものの、外国人児童、日本人児童の枠を外した形で、かねてより主体的かかわりの機会を積極的に提供してきたことで、同化圧力を伴わない親和的な人間関係を構築する、日本人児童からの「外国人児童・生徒への働きかけ」を支援していた。T教諭は、個々の有する文化的背景にかかわらず、「できることを、できる人がやる」「素直な心で考える」「（自分で）判断する」といった、自ら考えて行動することを促す日頃の指導により、多くの課題を抱えるKさんの必要性に配慮し、安心してサポートを受けられる環境を整えたといえる。併せて、Kさんに対して特別意識はしていないが、文化的背景にかかわらず誰に対しても、困っている人がいれば行動する姿勢をクラス内の多くの生徒に培っていた。外国人児童、日本人児童の枠を外すことが、日本人児童の自文化中心主義の是正に繋がったものと思われる。

　また、日本人児童の変容に関しては、Kさんが転入してきて最初戸惑ったと答えた半数の13名（50％）の中で、彼女とともに5ヶ月以上過ごした結果「将来色々な国の子がクラスに入ってきたら、次回は戸惑わずに話しかけたり必要に応じて手助け等できると思う」と答えた者が10名であったことは注目に値すると考えられる。「先生はKさんががんばっている事をちゃんと見ていると思う」（25名：96％）という結果は、教師が外国人児童を承認し、尊重していることを、日本人児童が感じ取っていると解釈でき、「Kさんはクラス内でがんばっていると思う」（24名：92％）との結果は、多数派である日本人児童が、外国人児童であるKさんを承認していることを表していると考えられる。

　これらのことからT教諭は、前章第4節で示した、「日本人児童・生徒の自文化中心主義を是正する」という異文化適応を促進する教師の働きかけを間接的に果たしていたということができる。そして、その働きかけは、同化圧力を伴わない親和的な人間関係を構築する、日本人児童からの「外国人児童・生徒への働きかけ」を支援することや、日本人児童がKさんを承認することを媒介として、外国人児童であるKさんの相手の文化集団に受け入れられているという安心感を導いたと解釈できる。

次に、T教諭からは「多文化理解」への意識化はされていないものの人種や民族を超え、一人の人間として生徒を尊重しようとする姿勢、あるいは公平の思想への高い意識を感じ取ることができた[32]。これは、「文化を含めた人権への関心」といえるものである。そのほかにも、言語的不利益を軽減する教授については、Kさんを最前列の中心に座らせ、T教諭が常に彼女のすぐ近くで大きな声ではっきり言葉を発していたこと、視覚的な糸口を与えていたこと、平易な表現への言い換え、重要事項の繰り返し、強調など、授業中至るところで配慮が認められた。さらに、事例研究１の中に記されてはいないが、事例研究１の追跡調査として約１年後に同クラスをたずねると、教室内にタイ語の辞典が３冊常備され、専科の先生方（音楽、書道など）に働きかけることにより、専科の授業においてもタイ語辞書や、言葉の基本的理解を促す、絵入りのタイ語・日本語ポスターなどが使用されていた[33]。これらの働きかけは、言語面で困難を抱えるKさんに学習面での環境を整えたと考えられる。さらにKさん自身が、「せんせいは、ほかのことおなじようにわたしにせっしてくれる」「せんせいは、じぶんががんばっていることをわかってくれている」と答えていたことからも、T教諭のKさんへ向けられた関心は、Kさんにも伝わっているということができる。これら一連の教師の対応は、「外国人児童・生徒への適切な関心」という、教師の働きかけと解釈される。そして、Kさんは「タイの文化を大切に感じている」という項目に肯定的に答え、安定した帰属感が確認されている。これは、自国の文化的アイデンティティと特質が保持されている状態と捉えることができよう。

　このことから、「日本人児童・生徒の自文化中心主義を是正する」「文化を含めた人権への関心」「外国人児童・生徒への適切な関心」、という教師の働きかけが、「安心してサポートを受けられる環境」「相手の文化集団に受け入れられている安心感」「言語的不利益の軽減」「自国の文化的アイデンティティと特質の保持」を通して、外国人児童・生徒の欲求を満足させながら異文化と調和する状態を導いていたと考えられる。

　したがって事例研究１からは、外国人児童・生徒の異文化適応と教師の働きかけとの間に図3-1のような関係が示されたといえる。

第3章 事例研究1―教室内の多文化化と国際理解教育

図 3-1 外国人児童・生徒の異文化適応と教師の働きかけ（事例研究1）

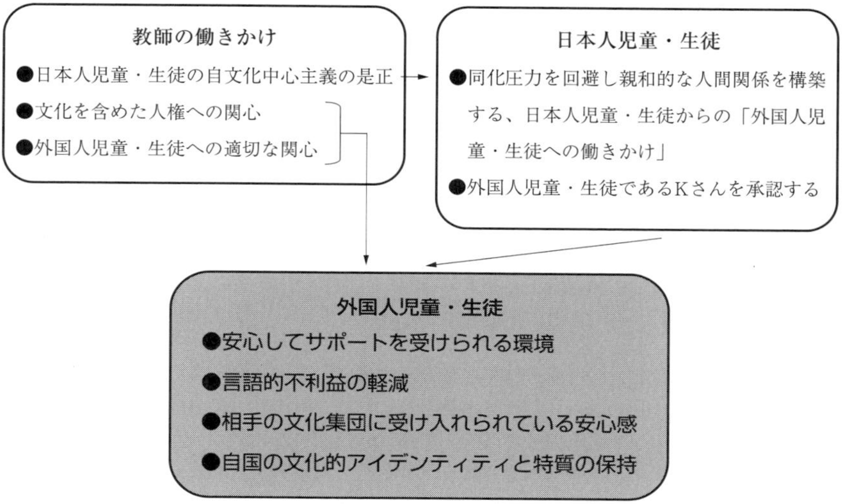

```
┌─────────────────────────┐       ┌─────────────────────────┐
│     教師の働きかけ        │       │    日本人児童・生徒       │
│●日本人児童・生徒の自文化   │  →   │●同化圧力を回避し親和的な   │
│  中心主義の是正           │       │  人間関係を構築する、日本  │
│●文化を含めた人権への関心   │┐      │  人児童・生徒からの「外国  │
│●外国人児童・生徒への適切   ││      │  人児童・生徒への働きかけ」│
│  な関心                  │┘      │●外国人児童・生徒であるK   │
│                         │       │  さんを承認する            │
└─────────────────────────┘       └─────────────────────────┘
              │                              │
              └──────────────┬───────────────┘
                             ↓
              ┌─────────────────────────────┐
              │       外国人児童・生徒        │
              │●安心してサポートを受けられる環境│
              │●言語的不利益の軽減            │
              │●相手の文化集団に受け入れられて │
              │  いる安心感                  │
              │●自国の文化的アイデンティティと │
              │  特質の保持                  │
              └─────────────────────────────┘
```

注

1　樋口信也『国際理解教育の課題』教育開発研究所、1995、pp. 18-20。
2　例えば中西が報告している埼玉県岩槻市、山梨県都留市の実践例など。中西晃「異文化理解・人権尊重と国際人養成」宮原修編著『国際人を育てる』ぎょうせい、1998、pp. 193-232。
3　2000年に文部省（現・文部科学省）から出された「海外子女教育の現状」によれば、1995年から1997年にかけての国内小・中学校に在籍する外国人の増加率は45％。うち71.1％が小学校に在籍。在籍小学校数、3402校。1名のみ在籍の小学校が半数近くの1410校。つまり特に小学校において、当該児童・生徒総数の増加とともに、在籍の拡散傾向を読み取ることができる。
4　東京都国際理解教育推進委員会が掲げている、「育てたい資質や能力、態度」の4項目。東京都国際理解教育推進会議事務局編『平成7年度東京都の国際理解教育―国際理解教育指導事例集』東京都、1996。
5　心の傷は活字になりにくいが、民族名で通学することを勧められた生徒が、「日本人のためにも……」と教師にいわれ心を閉ざしたこと（『届け！私の思い～「ニューカマー」の子どもたちの声』p. 81）や、フィリピン人児童が授業でフィリピンのことを取り上げたことに対して述べた言葉「先生の授業だって日本人がフィリピン人をバカにしたり差別したりする原因の一つになるのではないのかな」（坂井俊樹編著『国際理解と教育実践』エムティ出版、1992、p. 219）などが、例として挙げられよう。
6　Kさんの父親が日本語が堪能であったことから、Kさんの質問紙の理解においては、

父親の協力を仰いだ。
7　メリアムは、インタビューに際してよい質問と避けるべき質問があると論じている。よい質問には、例えば反対の立場からの質問であるなら「～というひとがいる」といった匿名化の効果がある質問、仮説的な質問であるなら「かりに～ならば」などの表現で始まるものなどが含まれる。メリアム，S. B. 著、堀薫夫・久保真人・成島美弥訳『質的調査法入門―教育における調査法とケース・スタディ』ミネルヴァ書房、2004、pp. 110 -115。
8　適応、不適応については、序章に詳述している。
9　国語科「わらぐつの神様」に出てくる「赤いつま皮のげた」を色つきで図解するなど。
10　社会科「車を作る」で、「溶接」を「きんぞくをとかしてくっつける」に言い換えるなど。
11　「大切だよ」といいながら、重要な文や用語に色チョークで下線を引いたり、四角で囲うなど。
12　佐藤郡衛『国際化と教育』放送大学教育振興会、1999、p. 84。
13　村田栄一「中学校における日本語指導と教科指導」中西晃・佐藤郡衛編著『外国人児童・生徒教育への取り組み』教育出版、1995、pp. 128-129。
14　芹田健太郎「インターナショナルからトランスナショナルへ」田畑茂二郎監、仲尾宏編『国際化社会と在日外国人の人権』明石書店、1990、pp. 119-130。
15　川嶋は、参加者の主体性を重視した体験学習の重要性について述べている。川嶋直「参加者の主体性を重視した体験学習は、今の社会を変えるきっかけになる」ワークショップ・ミュー編著『「まなび」の時代へ』小学館、1999、pp. 79-86。
16　ハート，ロジャー著、IPA 日本支部訳『子どもの参画―コミュニティづくりと身近な環境ケアへの参画のための理論と実際』萌文社、2000、p. 2。
17　Gollnick, D. M. & Chinn, P. C., *Multicultural Education in a Pluralistic Society*, New York Macmillan College Publishing Company, 1994, p. 297.
18　Bennett, C. I., *Multicultural Education*, Allyn & Bacon, 1995, p. 35.
19　村田、前掲書、pp. 128-129。
20　Ovand, C. J., "Language Diversity and Education" Ed. Banks, J. A. & Banks, C. A. McGee, *Multicultural Education : Issues and Perspectives*, Allyn & Bacon, 1997, p. 293.
21　Amato, R., Patricia, A. & Snow, M. A., *The Multicultural Classroom*, Massachusetts, Addison-Wesley Publishing Company, 1992, p. 149. 第一言語話者と第二言語話者とのペアシステムや、ピアティーチング、グループワークのもたらす効果について論じている。
22　Dale, T. C. & Cuevas, G. J., "Integrating Mathematics and Language Learning" Ed. Amato, R., Patricia, A. & Snow, M. A., *The Multicultural Classroom*, Massachusetts Addison-Wesley Publishing Company, 1992, p. 332. Dale および Cuevas は、コンピューターテクノロジーなど、言語的に一定の範囲を有する言語に注目し、限られた言語の習得が飛躍的理解に繋がる可能性に言及している。
23　Ovando、前掲書、p. 289。Banks および Banks が編者となっている、*Multicultural Education : Issues and Perspectives* の中で Ovando が引用した Crawford の言葉である。

24　大阪府在日外国人教育研究協議会編『ちがいを豊かさに』大阪府在日外国人教育研究協議会、2002、p. 79。
25　鈴木雄治「中国帰国子女と教育」坂井俊樹編『国際理解と教育実践』エムティ出版、1992、p. 163。
26　全関西在日外国人教育ネットワーク編『届け！私の思い〜「ニューカマー」の子どもたちの声〜』2001、p. 37。
27　全関西在日外国人教育ネットワーク、同上、pp. 64-66。
28　樋口、前掲書、pp. 18-20 より。
29　日本ユネスコ国内委員会『学校における国際理解教育の手びき』日本ユネスコ国内委員会、1960、p. 2。
30　ビアルケは、移民生徒の文化的背景にかかわる行動が他の生徒からのいじめや排除に繋がりやすいにもかかわらず、クラスで取り上げないというドイツ国内の教師の態度に対し、移民生徒の非統合を単に放置している以上の問題に発展させる危険性があると指摘している。ビアルケ千咲「ドイツの学校文化と学校現場における異文化接触」『異文化間教育』16号、異文化間教育学会、2002、p. 125。
31　ユネスコ「21世紀教育国際委員会」報告書では、学習の4本柱の一つとして「共に生きることを学ぶ」を挙げている。天城勲監訳『学習：秘められた宝―ユネスコ「21世紀教育国際委員会」報告書』ぎょうせい、1997、pp. 66-74。
32　第一言語話者がT教諭の正義感と適正な「異文化性」の捉え方を認知していることを示すものとして、以下の結果がある（1年後に行った追跡調査より）。

	あてはまる	どちらともいえない	あてはまらない
先生は悪い事は悪いとはっきり言うタイプだ	91 %（20）	9 %（2）	0 %（0）
先生は、誰かをバカにしたりいじめたりするのを許さない	91 %（20）	9 %（2）	0 %（0）
先生は、誰かが困っているのを笑ったりしたら強く叱る	86 %（19）	14 %（3）	0 %（0）
先生は、タイも日本も同じように大切だと思っている	41 %（9）	59 %（13）	0 %（0）
先生は、どの国の生徒に対しても大切に接すると思う	45 %（10）	55 %（12）	0 %（0）

（　）内は人数
33　紙幅の関係上、詳細は割愛するが、約1年後に再び同校をたずね授業観察、第二言語話者およびその保護者宛てのアンケート、その結果を踏まえた第一言語話者宛てのアンケート、教諭へのインタビューを行った。Kさんは、さらに明るく活発な印象で、ユーモア溢れる俳句「寒い朝　学校はやだ　帰りたい」ほか2首をいたずらっぽい笑顔で披露したり、卒業文集の話し合いの場では、Kさんの意見が多数決で選ばれていた。1年前、ジェスチャー中心で言語によるコミュニケーションがほぼ認められなかったことから考えて、大きな変化といえる。また、授業観察期間中に開催された学芸会においては、「魔女とぼくらの愛戦争」という劇でKさんは魔女の役を演じていた。立ち位置は舞台中

央が多く、堂々と台詞を発する姿が印象的であった。保護者のアンケートからは、Kさんの適応が順調であり、担任教諭や学校に対し、高い満足感を有していることが読み取れた。教授法に関しては、1年前はゆっくり、はっきり話しかけていた教諭が、追跡調査時においては、話す速度は通常とほぼ変わらず、Kさんの席も1年前は中央の一番前だったのに対し、後ろから2番目の窓際に移っていた。また、歴史の授業（単元：世界に広がった戦争）において、戦時中日本人がアジアの人びとに強いた犠牲について丁寧な言及がなされていた。さらに「私たちの祖先がアジアの人たちに行ったことを正しく理解したうえで、国際社会に出なさい」などの発言があった。そして、特にタイに関しては、日本軍により具体的にどのようなことが行われ、その際どのようにタイの人びとが感じたであろうか、その心情まで考えさせていた。Kさんはアンケートで、現在言葉や学習内容に関して特に問題を感じていないと回答すると同時に、「タイの文化を大切に感じている」「先生はみんなと同じように自分に接してくれている」などの問いに肯定的に答えていた。しかし「自分の気持ちや考え方を友達に大切にしてもらっていない」とも答えており、外部からは「境界化」に陥っていないように見えても、当事者が不足感を有している場合があることも明らかになった。

第 4 章

事例研究 2—移民学習と外国人児童・生徒

第 1 節　本章の目的

　本章では、前章に引き続き、第 2 章で検討、提示した異文化適応における教師の働きかけに関する理論や仮説を踏まえ、事例を通した実証的検討を行う。本章で扱う事例は、外国人生徒を多く擁する神奈川県内の U 中学校において、ルーツについての学びの実施を通し、生徒が「自分が自分であること」や「自分の生き方や価値観」を肯定し、一人ひとりのルーツをお互いに認め合えるようになる過程を追ったものである。第 2 章においては、「ルーツについての学びの実施が外国人児童・生徒の適応に結びつく」と仮説設定したが、ここでは、具体的な事例の中で、そのような教師の働きかけと外国人生徒の異文化適応との間にどのような関係があるのかを明らかにしていきたい。

　従来、移民学習は、外国人労働者問題をどのように教えるか、あるいは、彼らが集住する地域で起こる問題を取り上げ、いかに解決を図るか[1]、などのように、主に日本に暮らす日本人児童・生徒を学びの主体として想定してきた。しかしながら、国境を越えた人びとにかかわる学びは、自身が、あるいは彼らの親や祖父母が国境を越えた経験を有する外国人児童・生徒にとってこそ、多くの効果が期待できると思われる。

　本章では、このような課題意識のもとに、ルーツについての学びを含む移民学習が外国人児童・生徒の異文化適応に果たす役割に着目したい。

第 2 節　研究方法

　本章では以下、第3節において移民学習が外国人児童・生徒の異文化適応において有効な視座を与えることを示す。第4節では、これまで異文化適応にかかわる障壁を乗り越えるために、日本人児童・生徒や教師に求められる対応として示されてきた3点である、①「同化圧力を回避し親和的な人間関係を構築する、日本人児童・生徒からの外国人児童・生徒への働きかけ」、②「民族的差別・偏見を是正する、教師の多文化理解に対する肯定的な構え（姿勢）」、③「外国人児童・生徒の言語的不利益を軽減する教授法（技術的なもの）」に加え、4点目として、「外国人児童・生徒自身が『自分が自分であること』や『自分なりの生き方や価値観』を肯定する契機や機会を得ること」の重要性を指摘し、その点において移民学習が可能性を有していることを示す。以上のような理論的検討の後、第5節では、事例として取り上げるU中学校が位置する神奈川県内の鶴見について、海外移住の側面から歴史を概観する。続く第6節では、「ヨコハマ遠足」を含む移民学習の取り組みを開始したメンバーの一人であるK教諭に対するインタビュー調査、「ヨコハマ遠足」への参加を含む移民学習を行った第2学年6クラス全員の186名に対するアンケート調査、および移民学習の前後で自身の意識の変容を感じないと答えた生徒3名に対するインタビュー調査に基づき、移民学習の実践とその効果について論じる。そして最後に、この実践において観察された、外国人生徒の異文化適応における教師の働きかけに照らし、第2章で導き出された仮説を検討するとともに、外国人児童・生徒の異文化適応と教師の働きかけとの関係について論じる。

　K教諭に対するインタビュー調査は、半構造化面接によるものとした。質問項目は、①「ヨコハマ遠足などの移民学習を通した、U中学校の日本人生徒の変容について」、②「ヨコハマ遠足などの移民学習を通した、U中学校の外国人生徒の変容について」、③「移民学習の実践を通した、教諭自身の変容について」の3項目である。③の項目についてたずねる際には、K教諭

自身の人権教育取り組みの契機や、「ヨコハマ遠足」実施のきっかけについても、併せて質問することとした。インタビューに際しては、クローズド・クエスチョン（制限的質問）や多重質問（2つのことを同時にたずねる質問）を避け、インタビュイーの知見や意見に対して中立な立場をとることを心掛けた。なお、調査は、U中学校およびJICA横浜国際センターにおいて行った。

　第2学年186名に対する質問紙調査は3つの質問項目から構成され、記名式とした。第一項目では、家庭における使用言語が日本語かそれ以外かを選択したうえで、主に家庭でどの言語を話すかについて記述を求めた。第二項目では、「エリザ先生のお話をうかがったり、海外移住資料館の見学をしたことを通して、移住について新しく知ったことはありましたか」とたずね、新しく知ったことが何であるのかを書くことのできる自由記述欄を設けた。第三項目では、「エリザ先生のお話をうかがったり、海外移住資料館の見学をしたことにより、何か自分の気持ちや考えが変わったことはありましたか」とたずね、自分の気持ちや考えがどのように変わったのかについて書くことのできる自由記述欄を設けた。日本語を第一言語としない生徒に配慮し、質問紙の言葉には全て振り仮名をつけた。また質問紙は、それぞれのクラスの担任を通して配布・回収を行った。

　移民学習の前後で自身の意識の変容を感じないと答えた生徒に対するインタビュー調査に関しては、U中学校に許可を得たうえで、変容を感じないと回答した外国に繋がる生徒に対して行った。半構造化面接によるものとし、U中学校において個別に行った。質問項目は、①「移民学習を行う前、移民について知っていたか」、②「移民学習についてどう思うか」の2項目とした。

第3節　外国人児童・生徒の異文化適応と移民学習

　移民学習とは海外移住の歴史や移住者の経験を学ぶことなど、移民にかかわる学習であり、そのような学習を通してルーツについて学ぶことも移民学習と捉えられる。そしてその学びには、①グローバルな人の移動とそれに伴う一国内における多文化共生を繋げて考え、②国民国家により他者化された

移民の立場を通し民主主義の基本原理を考え、また、③移民のハイブリッドな文化を知ることにより本質主義的文化認識[2]を疑わせる力を養う意義があると指摘されている[3]。特に、①の「多文化共生」にかかわる思考や、②の「他者化された立場」から人権や市民権のあり方といった民主主義の原理を考えることは、外国人児童・生徒の異文化適応を考えるうえで有効な視座を与えると思われる。

第4節　外国人児童・生徒への対応と移民学習

　福山は、外国人児童・生徒が異文化適応にかかわる障壁を乗り越えるために、日本人児童・生徒や教師に求められる対応を、以下の3点に整理している[4]。

- 同化圧力を回避し親和的な人間関係を構築する、日本人児童・生徒からの外国人児童・生徒への働きかけ
- 民族的差別・偏見を是正する、教師の多文化理解に対する肯定的な構え（姿勢）
- 外国人児童・生徒の言語的不利益を軽減する教授法（技術的なもの）

　3点目の、「言語的不利益を軽減する教授法」については技術的なものであり、教師が自覚的に関連する手法を学ぶことにより、改善が期待できると思われる。しかし、日本人児童・生徒が、同化圧力をかけることなく外国人児童・生徒と親和的な人間関係を構築したり、教師が多文化理解に対する肯定的な姿勢を獲得するためには、外国人児童・生徒の立場や思いを想像する力や、異なる文化的背景を有する人びとを相対的に捉え、尊重できる見方などが必要となる。教室内の外国人児童・生徒とは、グローバルな人の移動により、他の国々から自分たちの住む地域に移り住むことになった人びとである。外国人児童・生徒の立場や感情を想像するためには、「国境を越えて移り住むこと」そのものや、それに付随して起こり得る事象などを学ぶことが

効果的だろう。また、民族的差別・偏見とは、国民国家により他者化された人びとに向けられるまなざしといえる。教師の多文化理解に対する肯定的な構え（姿勢）は、そのような国民国家により他者化された人びとに向けられるまなざしを問い直すことを通して獲得できると考えられる。

また上記3点に加え、外国人児童・生徒が自分とは異なる文化の中で適応していくためには、「外国人児童・生徒自身が『自分が自分であること』や『自分なりの生き方や価値観』を肯定する契機や機会を得ること」も重要だと考えられる。この点においても上記のまなざしを問い直すことは、意義があると思われる。つまり、移民学習は、外国人児童・生徒の異文化適応において求められる、人間関係の構築や、多文化理解に対する肯定的な姿勢の獲得、そしてアイデンティティの保持に寄与することが期待される。

第5節　鶴見をめぐる移民の歴史

渡日の子どもたちのルーツはさまざまである。例えば第6節で論じるU中学校に在籍する生徒の国籍は15ヶ国に及ぶ。戦前に渡日したアジアの国々に繋がりのある生徒、日本（特に沖縄）から主に中南米に移住した日本人移民に繋がりのある日系人生徒、国際結婚等により、フィリピンやタイにルーツを持つ生徒、に大別できる。ここではU中学校の所在する鶴見に焦点化し、海外移住にかかわる歴史を概観し、さらに鶴見、沖縄、中南米との関係を整理することで同校の外国人生徒の背景理解の助けとしたい。

1．海外移住の歴史―鶴見に関連づけて

鶴見に暮らす日系の人たちのルーツは明治30年代にさかのぼる。1897年にはメキシコ移民、1899年にはペルー移民、また、1908年には2008年でちょうど100年の節目を迎えたブラジルへの移民が始まっている（移民の送出総数では広島県が1位であるが、移民率では沖縄県が首位を占める。また、1940年の統計では、沖縄県出身移民が最も多い国はブラジルである[5]）。

また、鶴見にはアジアの国々に繋がる子どもたちも多い。その背景には、

朝鮮・満州の支配権をめぐる戦争があった。日露戦争に勝利した日本が、ロシアが建設した長春以南の鉄道（長春・旅順間）とその付属権益を譲り受け、1906年に南満州鉄道株式会社を設立したこと、また、朝鮮の支配権を得た日本から、アジアへの移民が本格化したことなどがある。一方、1923年の関東大震災をきっかけに、潮田町には1925年頃から韓国・朝鮮の人びとの集住が始まったといわれている[6]。

アメリカやカナダでは、以前からくすぶっていた排日の動きが表面化し、雇用が奪われる不安や、人種差別により、さまざまな日本人排斥問題が起き、1924年のいわゆる排日移民法により、アメリカへの移民は不可能となる。このことは、以後中南米への移住が加速された要因の一つといわれる。1920年代半ば頃、政府はブラジル移民に貸与してきた渡航費と移民会社の手数料を全額支給に改めた。1927年には海外移住組合法が制定され、1928年には国立の移民収容所[7]（1932年に神戸移住教養所に改称）が完成し、そして翌年には拓務省が設置された。鶴見に暮らす日系人の祖先を含む、日本からブラジルへの移民総数は約26万名[8]である。

満州においては、1931年の満州事変などを契機とし、1945年までに計27万名余りの移民が送出されている[9]。引き揚げの際に混乱を極め、多くの日本人が取り残されたことは周知の通りである。また、同時期日本国内においては強制連行された朝鮮人がいた。戦前は鶴見にも陸軍の斡旋で強制連行された朝鮮人が暮らしており[10]、現在鶴見に暮らす在日の子どもたちの歴史的背景の一つといえる。

2．鶴見と沖縄、そして中南米との関係について

U中学校には沖縄から中南米に移住した日本人移民に繋がりのある生徒が多い。彼らの文化的重層性を理解するためには、まず1910年代に「明治期のセメント王」と呼ばれた浅野総一郎が、鶴見で京浜工業地帯の形成に寄与する東京湾の埋め立てを始めたことや、関東大震災の復興に際し、沖縄からの集団移住者が鶴見へ移り住んだことなどの、同地の国内移住地としての側面を理解する必要がある。一方沖縄においては、1920年代に「ソテツ地獄」

と呼ばれる飢餓状態が続き、戦後においてもアメリカ軍基地の拡充により土地を追われた人びとへ対応するために、1954年には、琉球政府による計画移民としてボリビアへ第1陣278名が送り出されている[11]。長い期間にわたり、沖縄には移住者送出のさまざまな要因があったといえる。つまり、かつて沖縄からは鶴見へ、そして中南米へと人の移動があった。そして1990年の改正入管法の施行により、特に沖縄系の中南米からの日系人が鶴見に集住するようになるのである。その背景には、言葉や文化が違う日本で生活する際に、親戚や知人の助けがあれば、比較的容易に仕事や住居を見つけられるという意識があったといわれている。

第6節　移民学習の実践とその成果

ここでは移民学習を取り入れている、鶴見のU中学校の実践を追いながら、移民学習による外国人児童・生徒、日本人児童・生徒の変容に着目する。

1．U中学校と人権教育

U中学校は、工場が立ち並ぶ鶴見の京浜工業地帯に隣接する市立中学校である。全校生徒約600名のうち、100名ほどが日本以外の国や地域にルーツを持つ。同校では、人権教育[12]や、互いの文化的な違いを認めて生きるための「多文化共生」教育に力を注いできており[13]、1993年の国際教室設置以来、外国に繋がりのある子どもたちの存在を中心に据えた「差別をしない、させない、許さない」取り組みを全校で行ってきている。表4-1は、2005年の人権教育に向けての取り組み（2005年度U中学校「人権ニュース」より抜粋）である。この表からは、教師が校内で学ぶ全ての外国に繋がる生徒の存在を認識していること、さらに新入生を迎えて間もない5月に、全校生徒に対して、潮田地域に多く暮らす移民に対する認識を持たせていることがわかる。さらに、在日コリアンとしてのルーツを尊重するプロジェクトや、外国に繋がる生徒が、仲間に対して思いを表明する機会を通し、生徒全員の人権への関心を高めようとしていることが読み取れる。また、2月のコリアンウィークの

表 4-1　人権教育にむけての取り組み

4月	職員研修会：外国につながる全校生徒の確認（新年度の家庭訪問に向けて）
5月	**社会科地理（2年）「沖縄学習（約10時間）」、総合的な学習（2年）「ヨコハマ遠足に向けて」（なぜ横浜・潮田に外国につながる人々が多いか）、平和教育①、②（全校）「横浜空襲と潮田」、「沖縄と移住と戦争と」**
6月	**2学年「ヨコハマ遠足」実施（海外移住資料館見学を含む）**
8月	「プロジェクトU2005」制作→韓国・朝鮮につながる生徒たちが在日コリアン一世を川崎にたずね、その思いを聞き、自分たちのルーツを考えていこうとする企画。
9月	ヨコハマ・ハギハッキョ（夏期学校)[14] 参加
10月	文化祭（国際教室の紹介、外国につながる生徒が自分の思いを全校生徒に語る、民族芸能部によるダンス・チャンゴの披露など）
12月	人権週間での取り組み「視覚障害者の立場に立って考えよう」
1月	人権教育職員研修会（国籍条項について：在日コリアンの思いに学ぶ）
2月	第4回コリアンウィーク「プロジェクトU2005」視聴→ねらいは、全ての生徒がルーツに関して考え、誇りを持って前向きに生きていく姿勢を養うこと。また、自分や他の文化を大切にし、共に生きていく姿勢を養うこと。

ねらいが、「全ての生徒がルーツに関して考え、誇りを持って前向きに生きていく姿勢を養うこと」および「自分や他の文化を大切にし、共に生きていく姿勢を養うこと」とあることから、ルーツについての学びを自尊心に結びつけようとする意図や、文化の尊重がともに生きていくうえで重要であると捉えていることを窺い知ることができる。そして、ルーツについての学びを含む移民学習は、このような一連の人権教育の中に位置づけられる、総合学習「ヨコハマ遠足」の中で実施されている（表中下線太字部分：強調は筆者による）。

2．「ヨコハマ遠足」の概要

「ヨコハマ遠足」は、2年生25時間の総合学習であり、U中学校では2002年以来毎年行われている。年度によって構成の違いは多少あるが、表4-2で示した通り[15]、自分や仲間のルーツやアイデンティティを学ぶことに主眼が置かれている。

活動計画からは、班ごとの計画に沿って仲間の思いを学び、移民にかかわ

表4-2 「ヨコハマ遠足」の活動計画

単元名：自分自身と仲間のルーツやアイデンティティを学ぶ「ヨコハマ遠足」	
1. 実施時期：2007年4月〜6月	2. 総時数：25時間
3. 単元（活動）目標： ① 仲間を知る： さまざまな人たちの思いを知り、自分たちが住んでいる地域について課題や疑問を見いだす。 ② 地域を知る： 港町「横浜」の歴史を知る。横浜は、さまざまな地域から集まってきた人たちで成立した町であることを知る。 ③ 自分を知る： 自分の周りの仲間や自分の住む町を知ることを通じ、自分自身について考える力をつける。	4. 単元の意図 　一人ひとりのアイデンティティを尊重することの意義をしっかり身につけていく。「日系移民」を中心に学び、自身と仲間のルーツやアイデンティティについて思考する機会を持ち、鶴見・潮田地域の「日系移民」の思いを確認する。同時に各自が自分や自分の家族について考える。
5. 展開計画・展開記録	

次／時	展開と学習活動	支援活動と評価
6時間	仲間の思いを知ろう！ 　学習する内容を決める。各班の計画に基づき、横浜の特色を捉える。学習と発表の準備をする。班ごとにプレゼンテーション。クラス代表選出。学年発表会において、クラス代表によるプレゼンテーション。	これまでの国際理解教育と「ヨコハマ遠足」との関連を意識させる。ワークシートや観察による評価。
11時間	横浜と外国人との繋がりを調べよう！ 　VTR「移住31年目の乗船名簿」の視聴から学習課題を見つける。VTR「ハルとナツ」（ブラジル移民をテーマにしたドラマ）、「ブラジル・サンパウロの日系人社会を訪ねて」を視聴し、講演「ブラジル移民の思い」（E先生[16]）を聞く。「ヨコハマ遠足」のコース作り。	ビデオの視聴などを通して、地域の「外国に繋がる」人びとの思いを知り、自分自身への思いや共感に繋げていく。資料館見学の視点を提示する。無理がない範囲で、クラスにいる外国に繋がる仲間が発言できるように配慮する。観察による評価。
8時間	自分と仲間・地域の繋がりから自分自身の存在を考えよう！ 　「ヨコハマ遠足」の実施。遠足後は、横浜海外移住資料館、横浜開港資料館について記事を書く。新聞作りを通して、自分の学習を振り返り、人権、国際理解、多文化共生の学習に繋げていく。	見てきたこと、気づいたことを使って、課題解決に繋げていく。無理がない範囲で、クラスにいる外国に繋がる仲間が自分自身の思いを伝えられるように配慮する。新聞や、観察による評価。

| 6. 評価の視点（身につけさせたい力）
・他者の思いから課題を見つけ出すことができる。
・個人の尊厳、人権の尊重などを正しく理解して自分自身に生かすことができる。友だちや家族、地域の人たちの存在を認めて、感謝の気持ちを持って尊重できる。
・地域の特色を理解して、課題を解決する意欲が持てる。
・歴史や文化を積極的に学び、違いや共通点を理解できる。 |||

る映像や日系ブラジル人教師の語りから、さらに共感的な学びへと深化させる過程が読み取れる。そのうえで、日本人移民の歴史や生活にかかわるものが展示してある、JICA横浜海外移住資料館において、実際の展示物との対話を通して、友だちや家族、地域の人たちの存在を認め、尊重する態度を育成しようとしていると考えられる。

同校で「ヨコハマ遠足」を開始した一人であるK教諭は、この「ヨコハマ遠足」のきっかけは2002年の1年生の授業で、「オレのおじいちゃん、ブラジルに移住したんだ」といった日系人の生徒に対して、「カネだよカネ、金がほしかっただけさ。オレのかあちゃんもそうだもん」と男子生徒が応じたことだった述べている。応じた男子生徒の母親はエンターテイナー系のフィリピン人であった。K教諭は、その時のやりとりについて、「カネだけだったのか。血と汗と涙、愛や別れ、さまざまな出会いの歴史を『カネ』の一言で片づけていいのだろうかと思った」と述べている。そして、K教諭をはじめU中学校の教員は、なぜ潮田の地域に沖縄出身の人びとが暮らし、日系人の友だちがクラスにいるのかを理解するためにも「祖父母がはるばると海を越え、恐れや不安や希望を抱き、汗と苦労の中で耕したブラジルの大地」を感じて欲しい、つまり「海外移住の歴史や日系人の生き方を学ぶことが是非必要である」と認識し、「ヨコハマ遠足」が構想されることとなる。

K教諭は、「ヨコハマ遠足」における生徒への働きかけの意図として、「地域と仲間のルーツから多くのことを学び、そのことによって、生徒どうしお互いに仲間としての思いや連帯感が深まり、『ちがいを認め合える』集団として一歩成長するきっかけになるのではないかと考え実践してきた」と述べている。この働きかけの意図は、表4-2「ヨコハマ遠足」の活動計画の「4. 単元の意図」に書かれている「一人ひとりのアイデンティティを尊重することの意義をしっかり身につけていく。『日系移民』を中心に学び、自身と仲間のルーツやアイデンティティについて思考する機会を持ち、鶴見・潮田地域の『日系移民』の思いを確認する」からも読み取ることができる。また、U中学校には、「ヨコハマ遠足」が開始される直前に、祖父が移住者である日系ブラジル人のE教諭（1991年、9歳で来日）が、英語科教師として赴任し

ている。K教諭らU中学校の教諭は、「ヨコハマ遠足」の事前準備として、E教諭をはじめ日系人のルーツにかかわる話を聞き、その総まとめとしてJICA横浜海外移住資料館を訪れ、調べ、情報の共有を行っている。表4-2の「5. 展開計画・展開記録」における、支援活動と評価の欄には、「地域の『外国に繋がる』人びとの思いを知り、自分自身への思いや共感に繋げていく」との記述があるが、上記のような教員たちの事前準備が、この支援活動を可能としていると考えられる。

「ヨコハマ遠足」は2002年以来継続的に行われており、理念は受け継がれているといえる。例えば2005年は、「仲間のルーツを知り、己の個性を輝かせ」というテーマで行っている。そして、事前学習として外国や沖縄に繋がる生徒（先輩）の話を聞くと同時に、同校教諭であるE先生の自身のルーツに関する話などを聞いた[17]。また、2006年の事前学習に使用されたDVDはブラジルの日系人をU中学校のU教諭が撮影してきたもので、鶴見に在住の日系ブラジル人の親類をブラジルにたずねることを糸口に、日本とブラジル、鶴見、沖縄との繋がりについて丁寧に語りかける内容となっている[18]。DVDの中では、面積の83％をアメリカ軍に占領された嘉手納町からブラジルに渡った祖父のルーツを求めて沖縄に渡る日系ブラジル人（中学3年生）の姿も追っている。そして最後に、BGMとともに、「あなたはじぶんのことをどのくらいしっていますか　あなたはじぶんのことがすきですか　いまあなたがここにいるということをこころからよろこんでください　たくさんのいのちのつながりがいまのあなたをつくっているのだから　だれもがみなかけがえのないひとり　あなたがここにいてよかった　あなたとここであえてよかった」[19]というメッセージが画面に映し出される構成となっている。

3. 移民学習による意識の変化

筆者は、2008年度の「ヨコハマ遠足」（5月27日実施）の後、U中学校の協力を得て質問紙調査を行い[20]、事前学習および「ヨコハマ遠足」の実施前後での生徒の意識の変化を探った。結果の概要は、表4-3の通りである。

なお、生徒たちの意識がどのように変化したのかについては、自由記述に

おいて回答を得た。その内容は次のようなものである（カッコ内は自宅で使用している言語：自己申告）。

A. 今度おじいちゃんおばあちゃんに移住の事を聞いてみようと思いました。（ポルトガル語）
B. そういう人（移住者）がすごいなという気持ちになった。（日本語）
C. 差別やいじめはいけないという気持ちがもともとあったが、その気持ちが強くなった。（日本語）
D. 移住していた方の話を聞いてたくさんの事を知ったりしました。聞いていると昔はつらい事があったんだと知って、自分の気持ちがすごく変わりました。（ポルトガル語）
E. みんな移住したところはちがうけど、不安な気持ちや悲しい気持ちはみんな同じことなんだなぁ・・・と思いました。（日本語）
F. 自分の国を離れて、外国に移り住むということは、とても大変なことだと思った。だから外国から来た人達には差別をしないで皆平等に接してあげようと思う。（日本語）
G. 変わらないところだけど、どうして差別とかしたりするのかな。外国につながっているだけなのに。つながっているからこそのつらさとかは、つながっていない人にはわからないけど、とてもつらいんじゃないのかな。（日本語：自分の意識は変わらなかったとチェックを入れつつ、このコメントを記述している）
H. まだ日本語がしゃべれなかったりしている人をバカにしないようにします！！絶対です！！（日本語）

表4-3 「ヨコハマ遠足」実施後の生徒の意識の変化

	人数	％
移民学習の前後で自分の意識が変わった[21]	93	50.0
移民学習の前後で自分の意識は変わらなかった	85	45.7
無回答	8	4.3
合計	186	100.0

表4-3より、半数の生徒が自分の意識が変わったと認識していることがわかる。個別の回答を見てみると、自分のルーツに意識的になり祖父母に問いかけようとする姿勢（A、D：外国人生徒）、外国人生徒に繋がる移住者へ敬意や共感を感じたり、自分の意識が変わらなかったと答えつつも、差別という行為について深く思考する姿（B、E、F、G：日本人生徒）も認められた。そのほか、反差別への決意（C、H：日本人生徒）とも受け取れるものなどがあった。外国人生徒には、自身のルーツへの肯定的受容、日本人生徒には、異なる文化的背景を有する人びとを受け入れ、尊重する意識が育っていることが読み取れる。このことは森茂・中山の、「現在日本にＵターンしてきている日系人の現状や問題を立場を変えて共感的に学ぶことは—中略—『共生』に向けての資質を養う上で意義がある」[22]との指摘とも整合性を持つ。

　K教諭は、U中学校における日本人生徒の変化について、「（移民学習を通して）一人ひとりのルーツをお互い認め合えるようになった。いじめやからかいが減った」「一言でいうと、『すごいルーツだなあ』ということでしょうか。少なくとも日本人生徒による、外国人いじめがU中学校にはほとんどないと思います」と述べている。同教諭は、日本（特に沖縄）から主に中南米に移住した日本人に繋がりのある生徒のルーツを肯定的に理解することを目指し、全生徒に対して「私のルーツ・私の家の物語」という課題を出し、全ての生徒に今ここに存在していることの意味を考えさせる実践を行っている。移民学習を通し、多くのものを含み込んだ今に繋がる歴史を丁寧に捉え直すことで、一人ひとりが固有の価値を有する存在であることに気づかせようとしているのである[23]。そしてその学びが外国人生徒、日本人生徒、その双方の意識の変化へ結びついたと考えることができる。

　また、6月の質問紙調査実施の後、9月に「移民学習の前後で自分の意識が変わらなかった」と答えた3名の生徒への聞き取り調査を行った[24]。いずれも日本で生まれ育った外国に繋がる（フィリピン、ペルー、ブラジル）生徒である。そして、調査により次のような発言を得た。

Ⅰ．ヨコハマ遠足で、（意識が）変わったというより、これまでの積み重ね

の中で変化してきていると思う。小学校の時にはルーツを知るために、沖縄にも行った[25]。日本人移民の歴史や経験は、すでに知っていました。（ブラジルがルーツの生徒）
- J. 日本人移民のことは、知らなかった。でも最後まであまり興味が持てなかったし、意識も変わらなかったと思ったから。（フィリピンがルーツの生徒）
- K. 日本人移民のことは、知っていたから。でも、日本の子は知らない子が多いから、移民のことを勉強することはいいと思う。（ペルーがルーツの生徒）

この結果から、移民の歴史などをすでに知っていた[26]ことを根拠に「意識が変わらなかった」と答えた生徒がいた可能性が考えられた（I、K）。また、意識が変わらなかったと答えつつも、差別という行為について深く思考する生徒がいた（G）ことも考え合わせ、「意識が変わらなかった」と答えた生徒の中に、内実としてはすでに変化している生徒が含まれていたことが読み取れた。

第7節　小　　括

U中学校の事例は、移民学習が直接外国人児童・生徒に意識の変化をもたらしたことを示している。自身のルーツへの肯定的受容である。併せて、N学園[27]T園長の以下のような言葉も、移民学習が外国人生徒や教師に直接変化をもたらしたことを裏づけている[28]。

（移民学習を通して）子どもたちは大きく変わりました。そして何より、私たちスタッフが変わったと思います。先人たち[29]の歴史と経験を誇りに思うことができた。まず私たちが先人たちの歴史と経験を誇りに感じること、それが必要なんです。そうすることにより、子どもたちに伝わっていくと感じています。子どもたちの抱える問題は多過ぎて一言で語ることはでき

ません。言語の問題、習慣の違いなど、語りきれないことが複雑に絡み合って、ドロップアウトし、傷ついた子どもたちの心をケアすることに毎日忙殺されています。私たちが、子どもたちの祖父母を立派だと感じ、その思いを伝えること、そのことを通し子どもたちは彼らの祖父母に自信を持って、誇りを感じて生きていける。そして、自分自身も成長しなければ、先人たちに申し訳ないと感じるようになるのです。

　日本人の海外移住の歴史が、140年も前に始まっていること、そしてJICAの前身である国際協力事業団が、1993年度まで移住者の送り出しを行っていたことはあまり知られていない[30]。日系人が急増した1990年以降も日本から移住者は旅立っているのである。外国人児童・生徒にあっても、祖父母の苦労した経験や、日本人移民の移住先での貢献などを知らずに育っているケースは決して少なくない。

　日本人移住者は、移住先国で言語、生活習慣をはじめ、多くの困難に直面し、差別や偏見も受け、戦時中は収容所へも送られている。また一方で、農業分野をはじめとしたさまざまな貢献をして、「ジャポネス・ガランチード（信頼できる日本人）」との評価も得ている。日系人をはじめとする渡日の子どもたちは、日本人移民の歴史や経験、そして貢献を学ぶことが契機となり、「自分が自分であること」や「自分なりの生き方や価値観」を肯定していく。これは、外国人生徒の自立的・内発的な適応とも呼べるものであろう。

　次に、日本人生徒にあっては、同化圧力から解き放たれた変化が認められた。「国境を越えて移り住むこと」そのものや、それに付随して起こり得る事象などを学ぶことを通し、外国人生徒の立場や思いを想像する力や、尊重できる見方が育ったことが示唆された。移民学習を通し、一人ひとりがかけがえのない存在であると理解することが、相手に同化圧力をかけることを躊躇させたと考えられる。親和的な関係の構築において、相手を理解しようとする姿勢が大切であることは論を俟たないが、相手への理解を前提とした尊重は、理解できない者を排除する危険性を有する。それに対し、全ての個をかけがえのないものと認識することを前提とした尊重は、たとえ相手を理解

できない場合においても相手を尊重することを可能とすると考えられる。

K教諭の「(移民学習を通して)一人ひとりのルーツをお互い認め合えるようになった。いじめやからかいが減った」という言葉は、上記のような日本人生徒の変容を表しているといえよう。日本人生徒は移民学習を通して「(他者と)共に生きることを学び」[31]ながら、外国人生徒との良好な関係を築いていた。このようなことは、外国人生徒の異文化適応を促すと思われる。さらにT園長の言葉からは、教師の変容も読み取ることができた。移民学習は、外国人児童・生徒のルーツを敬意を持って受け止めること、換言すれば国民国家により他者化された人びとへのまなざしの問い直しを可能にすることが示唆されたといえる。多文化理解に対する肯定的な姿勢の獲得である。自尊感情と関係の深い「自己肯定感」は、重要な他者による肯定的な評価が繰り返されることにより育まれる。そして子どもたちにとって最も重要な他者とは教師であるといわれる[32]。教師が外国人児童・生徒のルーツを敬意を持って受け止めることは、外国人児童・生徒への肯定的評価を導き、彼らの自尊感情の獲得に寄与する。それは、外国人児童・生徒の異文化適応を促進すると思われる。

むろん、本章で扱ったU中学校およびN学園における積極的な取り組みの背景には、地域の特性を含めた特有の要請がある。また、いわば例外的ともいえる、それらの土壌があってこそ、移民学習が優れた学びを導いたとの解釈も可能と思われる。しかしながら、移民学習が外国人生徒に「自分が自分であること」や「自分なりの生き方や価値観」を肯定させ、日本人生徒の同化圧力を抑制すること、そして教師に多文化理解に対する肯定的姿勢を獲得させるとの本論の指摘は示唆的であろう。

外国人児童・生徒の「境界化」と、外国人児童・生徒自身のアイデンティティの保持や外国人児童・生徒と日本人児童・生徒との関係、および外国人児童・生徒と教師との関係との間には密接な繋がりがある。移民学習は、その全てに働きかけ外国人児童・生徒の異文化適応において効果的な役割を果たすといえる。現在教室内で多く起こっている外国人児童・生徒の適応の問

題に向き合ううえで、移民学習は実効性を有するといえるであろう。

　以上の事例研究2について、ここではU中学校において観察された、外国人生徒の異文化適応における教師の働きかけに照らし、第2章で提示された仮説を検討するとともに、外国人児童・生徒の異文化適応と教師の働きかけとの関係について論じる。

　U中学校の教師は、「オレのおじいちゃん、ブラジルに移住したんだ」といった日系人の生徒に対して、「カネだよカネ、金がほしかっただけさ。オレのかあちゃんもそうだもん」と男子生徒が応じたことを見逃さず、以来ルーツについての学びを実施してきた。

　2006年の事前学習に使用されたDVDは、U中学校の教師が、ブラジル、そして沖縄に足を運び作製したものであった。そして、そのDVDに込められた、「いまあなたがここにいるということをこころからよろこんでください　たくさんのいのちのつながりがいまのあなたをつくっているのだから　だれもがみなかけがえのないひとり　あなたがここにいてよかった　あなたとここであえてよかった（一部抜粋）」というメッセージからも読み取れるように、U中学校の教師は、異なる文化的背景を有する外国人生徒を含め一人ひとりを承認し、尊重しようとしてきた。これは、第2章第4節で示した、教師の働きかけの一つである「文化を含めた人権への関心」といえるものである。

　U中学校では、ルーツについての学びを実施し、文化を含めた人権への関心を示しながら、外国人生徒には、自身のルーツへの肯定的受容を導き、自国の文化的アイデンティティと特質の保持に働きかけていた。日本人生徒には、異なる文化的背景を有する人びとを受け入れ、尊重するという意識の変化を導いていた。

　また事例研究2は、「ルーツについての学びの実施」が、教師が外国人児童・生徒のルーツを敬意を持って受け止める契機になったことを示したといえる。子どもたちにとって重要な他者である教師が、外国人児童・生徒のルーツを敬意を持って受け止めることで、外国人児童・生徒への肯定的評価を

151

図 4-1 外国人児童・生徒の異文化適応と教師の働きかけ（事例研究 2）

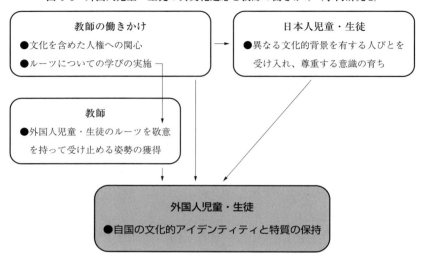

導き、彼らの自尊感情の獲得に寄与することが期待される。

以上のことから、「文化を含めた人権への関心」や「ルーツについての学びの実施」という教師の働きかけは、直接外国人児童・生徒に影響を及ぼしただけでなく、日本人児童・生徒や教師を媒介として、「自国の文化的アイデンティティと特質の保持」を通し外国人児童・生徒の欲求を満足させながら異文化と調和する状態を導いていたと考えられる。

したがって事例研究 2 からは、外国人児童・生徒の異文化適応と教師の働きかけとの間に図 4-1 のような関係が示唆されたといえる。

注

1 　移民学習の先行研究に関しては、森茂・中山が詳述。森茂岳雄・中山京子「海外移住資料館を活用した国際理解教育の授業づくり―教師研修を通してみた移民学習の可能性」『JICA 横浜海外移住資料館研究紀要・館報』1 号、JICA 横浜海外移住資料館、2006、pp. 36-37。
2 　本質主義的文化認識とは、国民や民族、その文化を固定的、実体的に捉えるような見方である。森茂岳雄・中山京子編著『日系移民学習の理論と実践』明石書店、2008、p. 23 より。
3 　森茂・中山、前掲書（2006）、pp. 37-38。

4　福山文子「教室内の多文化化を活用した国際理解教育―第二言語話者と第一言語話者、その双方の育ちを目指して」『国際理解』9 号、日本国際理解教育学会、2003、p. 26。
5　石川友紀「沖縄と移民　沖縄県移民に関する文献紹介」『新沖縄文学』45 号、沖縄タイムス社、1980、pp. 149–150。
6　沼尾実編『多文化共生をめざす地域づくり―横浜、鶴見、潮田からの報告』明石書店、1996、p. 11。
7　現在は、神戸市立海外移住と文化の交流センターとして整備され、2 階部分には移住ミュージアムが併設されている。
8　日本移民 80 年史編纂委員会編『ブラジル日本移民八十年史』移民 80 年祭祭典委員会、1991 より。
9　27 万 7 名。外務省領事移住部編『「わが国民の海外発展」　移民百年の歩み（資料編）』外務省領事移住部、1971、p. 137 より。
10　『神奈川のなかの朝鮮』編集委員会編著『歩いて知る朝鮮と日本の歴史　神奈川のなかの朝鮮』明石書店、1998、p. 157。
11　ボリビアには、コロニア・オキナワという名の移住地がある。詳しくは、コロニア・オキナワ入植 40 周年記念誌編纂委員会編『うるまからの出発（たびだち）―コロニア・オキナワ入植四十周年記念誌』コロニア・オキナワ入植 40 周年記念誌編纂委員会、1995 を参照のこと。
12　山西は人権教育を、開発、環境、平和、文化、民族といった教育の基礎に位置づくものと述べている。山西優二「多文化共生に向けての教育を考える」田尻英三・田中宏・吉野正・山西優二・山田泉『外国人の定住と日本語教育』ひつじ書房、2007、p. 105。
13　2006 年 5 月 4 日付朝日新聞「あれも憲法これも憲法 5―祖先への誇り『多国籍の街』の中学校で教える『改正』は不安」より。
14　ヨコハマ・ハギハッキョは、在日の子どもたちの問題に関心の高い横浜市の教員を中心に、在日のオモニ（母親）、韓国からの留学生など多様なメンバー約 50 名が 1992 年に始めたもの（詳しくは、藤野豊編著『教室から「自由主義史観」を批判する』かもがわ出版、1997 を参照のこと）。筆者が参加した 2008 年 7 月のハギハッキョでは、チュック（サッカー）・テコンドー、おはなしポッタリ（韓・日両言語での読み聞かせ）など、いくつかの部会が用意され、子どもたちは自由に参加していた。また多くの場面で、2 つの言語が用いられていた。
15　U 中学校松岡教諭による、「平成 19 年度　全県中学校教育課程研究会提案資料（部会名　総合的な学習の時間）」をもとに要約、表化したもの。
16　祖父がブラジル移民であり、9 歳の時に来日した経験を持つ、同校の英語教諭。
17　2005 年の遠足のしおりより。
18　DVD のタイトルは、「ブラジル・サンパウロの日系人社会を訪ねて」。
19　メッセージの一部を抜粋したもの。
20　アンケート調査は、2008 年の 6 月に実施した。
21　実際の問いは、「E 先生のお話をうかがったり、海外移住資料館の見学をしたことにより、なにか自分の気持ちや考えが変わったことはありましたか？」（ふり仮名つきで）。
22　森茂・中山、前掲書（2006）、p. 36。

23　2008年5月および6月に、K教諭に対して2度にわたりインタビューを行った。
24　聞き取り調査は、U中学校内で個別に行った。
25　「沖縄へルーツを探る旅」のこと。神奈川県で日系人の教育問題に取り組むボランティア団体 IAPE（外国人児童生徒保護者交流会）が主催。詳しくは、沼尾実「沖縄へ―『ルーツを探る旅』をつづけて」『こぺる』185号、こぺる刊行会、2008、pp. 1-12。
26　隣接する潮田小学校も市内に2つしかない人権センター校であり、外国人にかかわる地域課題に根ざした人権教育の実践を数多く行っている。3名は同校出身。詳しくは、判治珠美「みんなでつくった潮田チャンプルまつり―多文化の町潮田の地域に学んで」『子どものしあわせ』608号、草土文化、2001、pp. 27-37。
27　群馬県大泉町にあるブラジル人学校。同校へは、日本の公立学校でいじめにあったり勉強についていけなくなったりして編入してくる子どもたちが増えているという（『海外移住資料館だより』No. 12 より）。N学園は、2008年3月に移民学習を行っている。
28　T園長へは、2008年の3月に直接、および6月に電話にてインタビューを行った。
29　かつて日本からブラジルへ渡った日本人移民を指している。T園長はブラジル生まれの日系人である。
30　1993年度の移住者人数は31名である。国際協力事業団『海外移住統計昭和27年度～平成5年度』国際協力事業団、1994、p. 25 より。
31　第3章でも触れたが、ユネスコの報告書で挙げられている学習の4本柱の一つ。
32　安東茂樹・静岡大学教育学部附属浜松中学校『中学校「セルフ・エスティーム」をはぐくむ授業づくり』明治図書出版、2007、p. 38。

第5章

事例研究3―ペアレントクラシー下での教師の働きかけ

第1節 本章の目的

　本章においても、第2章で検討、提示した異文化適応における理論を踏まえ、仮説について事例を通して実証的検討を行う。本章で扱う事例は、日本においても能力と努力を加えたメリットを持った人びとが成功する社会から、選抜の前提として親の富や願望がある社会、つまりペアレントクラシーに転換しつつあるとの指摘[1]を踏まえ、外国人児童・生徒に対する教師の働きかけについて検討するものである。外国人児童・生徒の保護者の置かれた状況は、第3節で論じるように厳しい側面がある。したがって、外国人児童・生徒は、ペアレントクラシーのもとで不利を負いやすい存在と考えられる。後述するように、親の富や願望の影響が強まれば、教育システムが力を失うことも懸念されている。

　これまで外国人児童・生徒にかかわる問題は、日本における「同化主義」的な学校文化、義務教育の法的位置づけ、言葉の問題、「いじめ」に代表される差別や偏見などの文脈の中で語られてきた。しかし日本においてもメリトクラシー（業績主義社会）からペアレントクラシー（「富」を背景とした親の「願望」に影響を受ける社会[2]、つまり親による cracy＝統治、支配社会）へ転換しつつあるといわれている現在、外国人児童・生徒の教育問題を保護者の社会的・文化的状況から捉え直す必要があるものと思われる[3]。

　例えば、関口・宮本は、「（低学歴志向は）日本人・外国人を問わず、民族ルーツを問わず、親の人的資本に恵まれない、学業達成に不利な家庭環境に育つ子どもたちに共通の問題だ。ニューカマーの子どもにおいては、言語文化的、民族的属性の不利も加わる形で、高等教育へのアクセスどころか、『中

学まで』で進学をあきらめざるをえないという、教育機会の不平等の拡大・再生産の問題として立ち現われている」[4]と外国人児童・生徒の教育問題を家庭背景から捉え直すことの重要性を指摘している。教育が、「社会的移動や社会的成功のリフト」[5]としての役割を果たしているとすれば、一方で、教育は成功から取り残される人びとをも生み出している。外国人児童・生徒の、文化、社会・経済的背景はもちろん多様であろうが、異文化適応、言語習得、さらにペアレントクラシーに起因する負担という重層的な不利を負う児童・生徒はおそらく少なくないと考えられる。

　教師は、児童・生徒と多くの時間を共有し、直接外国人児童・生徒にかかわる存在である。親の富や願望の影響力は存在しつつも、教師の働きかけによって外国人児童・生徒の異文化適応を含め、状況が改善される可能性はある。そこで本章では、ペアレントクラシー下での教師の働きかけについて検討し、そのような教師の働きかけと外国人児童・生徒の異文化適応との間にどのような関係があるのかを明らかにしていく。

第2節　研究方法

　以下、第3節においてペアレントクラシーに転換した社会について概観し、具体的に日本の文脈で生起していることを検討する。続く第4節では、外国人児童・生徒の保護者が置かれた状況について論じる。第5節では、外国人児童・生徒にかかわりのある教育関係者、日系人教師、そして外国人児童・生徒の保護者へのインタビュー調査を通して、「指導や教材のあり方」「保護者の意識や現状」「塾など学校外の学びの機会」「居場所」「頑張る気持ちを支えたもの」といった側面から外国人児童・生徒の現状を把握するとともに、側面ごとに教師の働きかけについて検討する。そして第6節では、ペアレントクラシー下で期待される教師の働きかけについて検討し、外国人児童・生徒の現状改善に向けた課題を示す。第7節では、ペアレントクラシー下での教師の働きかけと外国人児童・生徒の異文化適応との間にどのような関係があるのかを明らかにしていく。

第5節の調査においては、調査目的に応じて調査対象者を選定し、最終的に次の5名を調査対象とした。

①ペアレントクラシー下での教師の外国人児童・生徒への働きかけを明らかにするために、長年外国人児童・生徒教育に携わってきた経験を有する立場の教師2名（Y教諭、K教諭）。

②外国人児童・生徒の視点から、ペアレントクラシー下で役立つ教師の働きかけを明らかにするために、実際に学力を獲得し日本の公立学校の教師となった日系人教師2名（日系人教師A、日系人教師B）。

③外国人児童・生徒の保護者の視点から、ペアレントクラシー下で役立つ教師の働きかけを明らかにするために、日本で2児を育てた経験を有する外国人保護者1名。

　そして、上記の5名に対して、「ペアレントクラシー」という用語について説明したうえで、半構造化面接を行った。

　調査対象者であるY教諭は新宿区にある、外国人児童が多く通う小学校の教諭であり、在日韓国・朝鮮人教育をはじめ、中国人児童の心情に寄り添う実践などを行っている。また、もう1名のK教諭は、かつて横浜市内の約半数が外国に繋がる児童で占められる小学校に勤務し、国際教室担当の経験を有する。現在は、多文化共生、人権にかかわる教員研修の企画に従事している。日系人教師Aは、12歳の時に来日し、現在は神奈川県内の高校教諭をしている。日系人教師Bは、9歳の時に来日し、調査当時神奈川県内の中学校教諭をしていた。両名とも、来日時にはほとんど日本語を話すことはできなかった。

　質問は次の4項目とした。一つ目の項目では、日本がペアレントクラシーへ転換したという認識を有しているかをたずねた。二つ目の項目では、ペアレントクラシーと関連した外国人児童・生徒の課題があるかをたずねたうえで、「ある」と回答した場合、①「親の教育に対する意識、願望」、②「教育費のかけ方」、③「家庭における教育的取り組み」、④「その他」の4つの選択肢から、あてはまるものをたずねた（複数回答）。三つ目の項目では、外国人児童・生徒への働きかけとして何が必要であると考えるかについて、①

「教師側の意識の醸成（マイノリティ尊重の意識など）」、②「教師が授業に活用できる技術的なものに関する情報提供（言語的ハンディを軽減する教授法など）」、③「加配をはじめとする人的、経済的な支援（行政支援）」、④「友人の意識の変容（外国人児童・生徒を尊重する意識）」、⑤「親の職業的（経済的）安定」、⑥「その他」の６つの選択肢から、あてはまるものたずねた（複数回答）。そして四つ目の項目では、外国人児童・生徒のつまずきの原因について聞き取りを行った（自由回答）。

第３節　メリトクラシーからペアレントクラシーへ

１．日本におけるペアレントクラシーへの転換

　日本におけるペアレントクラシーへの転換について論じた耳塚は、「一見能力と努力の帰結であるかのように業績主義の衣をまとった学力の背景に、不平等の本質を見なければならない」[6]と指摘する。類似の指摘は、学力の階層差をめぐるさまざまな議論の中でもなされてきた[7]。例えば苅谷は「教育の社会学研究において、児童・生徒の社会・経済的な背景が、学業達成に何らかの影響を及ぼしていること、言い換えれば、子どもが生まれ育つ家庭の社会・経済・文化的な環境によって、学業達成に差異が見られることは、一種の『定説』といってよい」と述べている[8]。

　アリストクラシー（貴族による統治と支配）に対比して語られるメリトクラシーは、「生まれつきの貴族の支配でも、富豪たちの寡頭政治でもなく、才能ある人びとによる真のメリトクラシーの支配なのである」[9]とヤング（Young, M.）が述べている通り、「人種や民族、生まれ・身分・社会階級でもなく、あるいは豊富な富でもない、能力に努力を加えたメリットをもった者たちが成功し、人々を支配する社会」[10]である。メリトクラシーは競争の結果として地位や名誉、権力や富が不平等に配分される「業績主義的不平等社会」に過ぎないことから、人類が到達すべき最終的な理想社会とはいえないまでも、「生まれ」が人生を拘束する身分社会と比べれば、相対的に優位に

立つといわれる[11]。「『近代社会』とは、人々を『生まれや身分』といったん切り離した上で、改めてその『資質や能力』に従って社会の中に配置し直すようなしくみ＝機構を、全社会的な規模で整備した社会」なのである[12]。

そのメリトクラシーから、ペアレントクラシーへの転換について指摘したのは、イギリスの社会学者ブラウン（Brown, P.）である[13]。彼は、イギリスの市場化された社会においては、「業績」をベースとする教育選抜が、「ペアレントクラシー」へと変質することを指摘し、選抜の方程式が「能力＋努力＝業績」から、「富＋願望＝選択」へと変化していると述べている。つまり、能力と努力を加えたメリットを持った人びとが成功する社会から、選抜の前提として親の富や願望がある社会への変容である。ブラウンは、「結果として、教育的選抜は生徒の個々の能力と努力よりもむしろ、ますます親の財産と願望に基づくようになっている」と述べると同時に、「希少な学歴とカリスマ的資質という文化資本へのアクセスが市場の力に左右されるようになってくるにつれて、そのような資本を持たない学生の将来の見込みを改善することに対して教育システムは何の力ももたなくなる」[14]と警鐘を鳴らしている。

2．日本人児童・生徒とペアレントクラシー

耳塚は、「誰が学力を獲得するのか」という主題のもと、首都圏近郊に位置する通塾率の高いAエリアと、実際上公立中学校以外の進学先を欠く、受験塾がほぼないといってよいCエリアにおいて行われた調査結果を用いて分析を行っている。Aエリアにおいて、通塾者と、そうでないものの学力の開きの大きさを指摘すると同時に、「難関私立中学校の合格者はほぼ間違いなく、受験塾通塾者が大半を占め、同時に高学歴層の子どもたちに著しく偏っている」としている。併せてCエリアについては、通塾の有無や父親の学歴の影響を受けていないとし、隠れた要因として学区の経済的特徴・文化的特徴、学校の組織的特徴、教員の資質や指導力、あるいは教授法と教授理念の可能性に言及している。さらに、Cエリアという、受験塾を欠く地域において、家庭的背景が学力に対する決定的な影響力を持つとはいえないと述べている[15]。

159

第4節　外国人児童・生徒の保護者が置かれた状況

　外国人児童・生徒の数は増加傾向にあり、一方で拡散と集中という2つの特徴があるが[16]、その保護者を取り巻く状況はどのようなものだろうか。ここでは外国人児童・生徒の保護者が置かれている状況について論じることとする。

　厚生労働省の外国人労働者問題に関するプロジェクトチームは、外国人労働者を「専門的・技術的分野」と「それ以外」に区分し、その区分に基づいて提言を行っている[17]。「専門的・技術的分野」については、高度人材（専門的・技術的分野のうち、特に優秀な者）の受け入れ促進のため、必要な制度見直しを強化するとしている。一方、「それ以外」については、「定住化に伴う社会的コストの防止」「在留管理の強化」など4点を基本とし、「単純労働者」は今後も受け入れを認めない方針を堅持、「研修・技能実習制度」は、廃止ではなく見直しを検討、さらに「日系人」については身分を理由に制限のない受け入れのあり方について検討が必要であるとしている。つまり、高度人材以外は定住を促進せず、定住にかかわる財源も確保しないという立場である。「それ以外」の外国人は守られる状況にはないといえる。一方で「それ以外」の外国人の主な労働の場ともいえる経団連は、「外国人受け入れ問題に関する提言」における「1．基本的な考え方」の中で、「日本経済が長期にわたり低迷するなかで、日系人などの外国人が職を得られる背景には、日本人、とりわけ若者が働きたがらない仕事が存在するという現実がある」[18] との認識を示している。このような認識からも、高度人材と認められない「それ以外」の外国人が置かれた立場は厳しいと考えられる。

　また、企業の人員削減が社会問題化してきている現在、「人材会社の派遣で働く日系ブラジル人、日系ペルー人ら外国人労働者は、真っ先に解雇の対象になっている」[19]。「日系人相談センター」にかかってくる電話相談の件数も、2007年度第4四半期（10〜12月）に比べ2008年度の同時期は1734件と約76％増加し、その内容も労働問題、雇用保険など解雇に関連する問題が

急増しているといわれている[20]。

　むろん、外国人や外国人児童・生徒を一括りにはできない。2009年3月の新聞では[21]、「在日華人　望子成龍　勝ち抜く『人生は競争』英才教育を徹底」というタイトルで、日本国内の難関校に増加し続ける在日華人子弟のことが取り上げられた。彼らの保護者の多くは大学や企業の研究職、商社勤務などのサラリーマンである。しかし、そのような保護者は必ずしも多数派ではない。むしろ、大多数は厳しい労働環境下に置かれているといえる。「働き方の多様化ではなく、働かせ方の多様化」[22] は、外国人児童・生徒保護者の労働環境に確実に影を落としている。

第5節　ペアレントクラシーと外国人児童・生徒

　外国人児童・生徒は「富」を背景とした親の「願望」に影響を受ける社会において、どのような状況に置かれているだろうか。ここでは、第2節で提示した調査結果に基づいて、そのようなペアレントクラシー下での外国人児童・生徒の現状を把握するとともに、外国人児童・生徒のつまずきの原因をめぐる調査対象者の語りを中心に、教師の働きかけについて検討を行う。

　まず、調査対象者は全員「ペアレントクラシー」への転換を感じると答え、外国人児童・生徒との関連性もあると指摘した。また、ペアレントクラシーと関連する外国人児童・生徒の課題として「親の教育に対する意識、願望」「教育費のかけ方」「家庭における教育的取り組み」などの項目についても、全員が「あてはまる」と回答した。特に「家庭における教育的取り組み」を課題として強く認識していた。また、対応策としては、「教師側の意識の醸成（マイノリティ尊重の意識など）」に強く関心を向ける関係者がいる一方、「母語保持支援」の重要性を論じる関係者もいたが、優先事項に差はあるものの、「教師が授業に活用できる技術的なものに関する情報提供（言語的ハンディを軽減する教授法）」「加配をはじめとする人的、経済的な支援（行政支援）」「友人の意識の変容（外国人児童・生徒を尊重する意識）」「親の職業的（経済的）安定」を含め、どの項目も必要との回答を得た。また、外国人児童・生徒のつまず

きの原因について聞き取った内容に関しては、まず調査対象者の外国人児童・生徒のつまずきの原因をめぐる発言内容を記述したテクストに基づき、研究目的に照らし関係があると思われる情報を失わずに圧縮した。次に、圧縮された発言内容に即して仮説的な類型を産出する作業を繰り返し、最終的に有意味なまとまりであるカテゴリーを形成した。ここでのカテゴリー形成は、研究目的に照らして重要なストーリーを含む発言内容を意味のある語りとして選択するためのものである。その結果、「指導や教材のあり方」「保護者の意識や現状」「塾など学校外の学びの機会」「居場所」「頑張る気持ちを支えたもの」の5つのカテゴリーが形成された。カテゴリー形成の後、個々の発言内容の帰属について判断する作業であるカテゴリー化を行った。

1．指導や教材のあり方

　学習指導や教材のあり方については、学習意欲を喚起するような指導、あるいは教材のあり方について、以下のA1からA6のように提案を含めた具体的な記述があった。特にA4からは、《日系人教師A》の担任が、形式的な平等に捉われず、個々の必要性に応じた指導を行っていたことが読み取れる。

> A1：学習者の視点で教材を作ることが大事。彼らの興味関心のある事項に関連づけて教材研究をする。意欲を引き出すためだ。子どもと一緒に学びをつくる。学びの共同体。教え込みから、(子どもの) 学びへ。《Y教諭》
> A2：インターネットから (外国人児童・生徒向けの) 教材等をダウンロードできるようにし、全国で活用できるようにすることが必要。《K教諭》
> A3：行事 (運動会や遠足など) に必要な持ち物など、振り仮名や視覚に訴えるようなお便りがあれば、保護者にとってわかりやすかったと思う。《日系人教師A》
> A4：来日して間もないころ、漢字のテストの前に先生が問題をあらかじめ示してくれた。テストの時、その漢字が完全に書ければ丸をくれた。そのようなフォローがあった。《日系人教師A》

A5：自分が教師になってみて、時間的な制約も理解できる。外国つながりの子ども用の、教材やお便りなど、学校で蓄積されていれば（PCなどに）教師にとっても、生徒にとっても良いと思う。《日系人教師A》

A6：母語維持はとても大事。学びへのモティベーションを支える。《Y教諭》

2．保護者の意識や現状

　保護者の意識や現状に関しては、外国人児童・生徒保護者の教育への意識や期待は大きいものの、さまざまな面でのゆとりのなさから、子どもに向き合いきれない状況があるといえよう（B1～B9）。B1にある通り、保護者の置かれる状況が厳しければ、子どもの「愛されている実感」にも影響を与えることになる。

B1：家庭の教育的取り組みが大きいと感じる。これは親の意識にも関係すること。親だって望んでいる訳ではないけれど、結果的にネグレクトすることになるケースもある。モティベーションを上げるには、子どもが愛されていると実感することが大事。親が忙し過ぎて、その実感が得られていない子どもたちがいる。《Y教諭》

B2：私が接してきた外国人保護者の中には、景気に左右される不安定な職に就き、朝早くから夜遅くまで働いているケースが少なくない。それでも十分な収入が得られずに、生活保護や就学援助を受けている場合も多い。《K教諭》

B3：こうした家庭の子どもたちは、保護者と過ごす時間が短く、十分な保護を受けているとはいえない場合も多い。また、学習に必要な教材・教具や進学時に必要となる制服や鞄等も十分にそろえることができないこともある。学校での学習についていけなくても、塾等に行くこともできず、学力がふるわずに高校への進学をあきらめることもある。《K教諭》

B4：保護者は仕事に追われ、また日本語が不十分なため宿題を見てあげることは困難。《K教諭》

B5：話をきいてみると、多くの親は子どもを大学に進学させ、将来は医

者や科学者にさせたいなどの願望をもっていることがわかる。しかし、そのためにはどのような学歴が必要であるかなどの知識が必ずしもあるわけではなく、願望の域を出ない。《K教諭》

B6：ブラジル人は教育への意識や大学へ行こうとする気持ちは非常に強いと思う。《保護者A》

B7：一般的な外国人児童・生徒の保護者は、教育に関心が高いと感じる。しかし、保護者側の言葉の問題もあり、なかなかサポートできない状況にある。《日系人教師B》

B8：一般的な外国人児童・生徒の保護者の学校に対する期待は高い。《日系人教師B》

B9：小さい頃はブラジルの祖父母に預け、15歳近くなったら（日本に）呼び寄せて働かせる親もいる。《保護者A》

3．塾など学校外の学びの機会

　学校外の学習については、C4のケースに見られるように、受験準備のために塾へ行ったという家庭もあるため一概にはいえないが、外国人児童・生徒の学校外学習の機会は決して多くはないと考えられる。これは、上記の「保護者の意識や現状」から読み取れる状況とも整合する。一方で、C2、C3に見られるように、学校外の学びの機会と学力との相関について懐疑的な語りもあった。

C1：私が接した外国人児童・生徒の中で、塾に通っている外国人児童・生徒は希であった。《K教諭》

C2：お金をかけて塾に行かせている親もいる。しかし成績が上がるとは限らない。《Y教諭》

C3：塾と学力はあまり関係ないと感じる。《日系人教師B》

C4：受験準備のために塾に通った。《日系人教師A》

C5：休日は同じ国の仲間同士で教会に行ったり、野外バーベキューに行ったりすることが多いようだ。美術館や博物館に連れて行くという話は

4．居場所

　D1〜D8 より、受け入れられていると実感できる場、安心できる場である「居場所」が、大きな役割を果たすことが窺える。マジョリティである日本人児童・生徒、教師を含めた学校全体が、外国人児童・生徒をいかに受け止めるかが問われている。

　D1：「友人の意識の変容」は大事[23]。《Y 教諭》
　D2：マイノリティの問題は、マジョリティの問題。《Y 教諭》
　D3：教室における国際理解教育や人権教育を推進し差別やいじめを許さない学級づくりを行う必要がある。《K 教諭》
　D4：（学校側の）受け入れる環境が大事。《Y 教諭》
　D5：居場所（受け入れられていると実感できる場、安心できる場）があることは大事。自分の場合は、教会や少年野球があった。《日系人教師 A》
　D6：ことばのサポート以前に、先ず居場所があるかどうかが大事だと思う。自分の場合は、はじめて通った、鹿児島の小さな小学校のアットホームな雰囲気がとてもよかった。《日系人教師 B》
　D7：子どもの適応がうまく進むかどうかは、子どもへの学校の対応が鍵になると思う。クラブの先生に支えられて、すごく伸びる子もいる。周りの支え、環境が大きいのではないか。《保護者 A》
　D8：言葉の問題や、いじめの不安など、いつも +α の不安を抱えていた。
　《保護者 A》

5．頑張る気持ちを支えたもの

　E1〜E6 の発言より、頑張ろうとする気持ちは、家族の教育への意識や教師など身近な人の一言からも影響を受けることが読み取れる。E5 は教師の励ましが与える力の大きさを示しているといえるだろう。また、E2、E3 は、経済力が絶対的な要因でないことを示しているといえる。

E1：親の頑張っている姿を見せることが大事。自分は、仕事で疲れて帰ってきても、夜遅くまで勉強していた母の影響を受けたと思う[24]。《日系人教師A》

E2：お金があるかどうかより、何に優先順位を置くかという親の考え方のほうが大きいのではないか。それから本人の「あきらめない気持ち」も大切だと思う。《日系人教師A》

E3：経済力より、親の教育に対する価値観や、渡日前のその子自身の意欲と学習習慣が大事だと感じている。自分は塾にはほとんど通っていない。《日系人教師B》

E4：親の頑張っている姿をみて、自分が投げ出すわけにはいかないと思った。《日系人教師B》

E5：「高校でトップをとれば、きっと大学へ行ける」中学時代の先生から言われたこの言葉がずっと心の中にあった。(支えだった)《日系人教師A》

E6：ブラジルの小学校では、成績順にクラスが分かれていた。上のクラスにいるために、一生懸命勉強した。渡日前に既に勉強の大切さは自覚していたし、一定の学習習慣もできていたと思う。《日系人教師B》

以上のことから、外国人児童・生徒に関しても、親の教育に対する「願望」は存在するものの（B5～B8）、なかなか学校での学習についていけない状況（B3）があることが読み取れる。また、ペアレントクラシーがもたらすものは、難関私立中学へ合格するかどうかといった、いわゆる上位層の選抜における偏り[25]だけでなく、十分な保護を受けられない、愛されている実感が持てないなど（B1、B3）、より根源的で深刻なものもあると考えられる。

5つのカテゴリーの中で、「2. 保護者の意識や現状」については、重要であるものの教師の働きかけと結びつけることが難しく、「3. 塾など学校外の学びの機会」に関しても、教師の影響が及びにくい部分であると考えられる。一方で、親が不安定な職に就いたり、忙し過ぎて結果的にネグレクトされている外国人児童・生徒の状況（B1、B2）を考えると、ペアレントクラシー下の外国人児童・生徒にとって、「1. 指導や教材のあり方」「4. 居場所」「5.

頑張る気持ちを支えたもの」に果たす教師の働きかけがより重要な意味を持つと考えられる。

第6節　外国人児童・生徒の現状改善に向けての課題

　本節では、前節での知見をもとに、ペアレントクラシー下での教師の働きかけについて検討し、併せて外国人児童・生徒の現状の改善に向けた課題について考察していく。調査対象者の、外国人児童・生徒のつまずきの原因についての語りからは、「1. 指導や教材のあり方」「4. 居場所」「5. 頑張る気持ちを支えたもの」に果たす教師の働きかけの有意性が示唆された。したがって、この3つの条件を整える教師の働きかけが、ペアレントクラシー下で有効な教師の働きかけであると考えられる。「1. 指導や教材のあり方」は、「学習の環境を整えるもの」であり、「4. 居場所」および「5. 頑張る気持ちを支えたもの」は、「学びへの意欲を支えるもの」と捉えられる。したがって、ここでは、「学習の環境を整えるもの」「学びへの意欲を支えるもの」に分けて考察する。

1．学習の環境を整えるもの

　清水は、「日本国民」に義務づけられるという、日本の義務教育の法令上のあり方が、教師の外国人児童・生徒に対する解釈や対応に影響を与えると論じている[26]。具体的には、「特別扱いしない」制度的な枠組みの中で、ニューカマーの子どもは「学校での学習内容が分かっているかどうか」ではなく、「日本人と似たような学校生活を送っていることのみが基準」となり判断されるため、本来は支援が必要な子どもまで、支援の必要がないと放置されかねず、生じた結果についても本人の努力の問題として看過されるとの指摘である。この指摘にあるような状況が、ペアレントクラシー下で重層的な不利を負う児童・生徒の周りでも起こっていると考えられる。

　このような状況を改善するためには、前節の「1. 指導や教材のあり方」において指摘された、意欲を引き出すために、興味関心のある事項に関連づ

けて教材研究をすること（A1）や、個々の必要性に応じた指導（A4）などが、ペアレントクラシー下での教師の働きかけとして有効であると思われる。同時に、このような学習者の視点に立った豊かな教授法や教材等の情報共有（共有化）が課題であると考えられる。

2．学びへの意欲を支えるもの

以下で示す日記は、親だって望んでいる訳ではないけれど、結果的にネグレクトすることになるケースもある。モティベーションを上げるには、子どもが愛されていると実感することが大事。親が忙し過ぎて、その実感が得られていない子どもたちがいる（B1）と述べたY教諭が、調査時に筆者に示した7歳の児童（ルーツはタイ）が書いた日記（2日分）である。この児童は、以前Y教諭が受け持った児童であり、この日記はY教諭の授業において提出されたものである。

きのうのこと（6月1日）
きのうは、なにもしなかった。ぼくはうちでねていた。ずうっとまってた。ひとりがさびしかった。ごはんを　なにもたべなかった。よる　なかなかねむれなかった。

きのうのこと（6月3日）
きのう　うちにかえった。だれもいなかった。まえのひ　すこしねた。で　はやくねた。ごはんをたべないでねた。あさ　おかあさんがいた。おかあさんは　ごはんがなくてこまった。コーラのんで　がっこうにいった[27]。

この日記から読み取れる状況は、保護者と過ごす時間が短く、十分な保護を受けているとはいえない場合も多い（B3）という、K教諭が指摘した状況にも類似している。示された日記は極端な例かも知れないが、例外的なものとして看過してはならないであろう。この外国人児童にとって、ペアレント

クラシーは学力獲得以前の問題を引き起こしていることがわかる。そして、聞き取りを行った調査対象者の勤務先は通塾率の高い都市部であり、外国人児童・生徒たちは、否応なく競争の中に追い込まれている。そしてその競争の結果を黙受するしかないという現実が存在する。

このような状況を改善するためには、現状を認識したうえで心のケアを含めた働きかけをしていくことが求められる。「5. 頑張る気持ちを支えたもの」において指摘された教師の励ましという働きかけも、日系人教師Aにとり教師の言葉がずっと支えであったこと（E5）から考えて、有効と考えられる。

また、「4. 居場所」において、教室における国際理解教育や人権教育を推進し差別やいじめを許さない学級づくりを行う必要がある（D3）と指摘されている通り、人種、エスニシティ、社会・経済的階層など、あらゆる文化集団への理解と受容を促進する働きかけを教師が行うこと、さらに外国人児童・生徒が受け入れられていると実感できる場、安心できる場（D5）を整えていくことが課題と考えられる。

第7節　小　　　括

異文化適応、言語習得、さらにペアレントクラシーに起因する負担という重層的な不利を負っている外国人児童・生徒は生まれ育つ家庭の社会・経済・文化的な環境に大きく影響を受け得るグループといえる。

外国人児童・生徒は拡散して在籍しているうえに、支援が必要な子どもへ支援が届きづらい制度的な枠組みがある。特に国際教室[28]から出た外国人児童・生徒の問題は在籍している学校側、あるいは担任教諭が見ようとしなければ見えてこない。十分な保護を受けられない子どもの存在を認識しながら、意欲を引き出すための指導や教材のあり方を工夫し、励まし、外国人児童・生徒が受け入れられていると実感できる場、安心できる場を整えることが期待される。重層的な不利を負っている外国人児童・生徒には、教師からもともに学ぶ友人からも「好意的に見守られている」という意識が持てるよう、

十分な配慮が必要だろう。ことばのサポート以前に、先ず居場所があるかどうかが大事だと思う」(D6)との発言を看過してはならない。協力者の全てが、「居場所」の重要性に触れている。このことは、外国人児童・生徒が安心して、受け入れられていると実感できる「居場所」の重要性を示すとともに、現在そのような「居場所」が十分確保されていないという現実をも示すものと考えられる。

　さらに、外国人児童・生徒の存在を認識したうえでの、彼らの必要性に応じた指導法や教材等の共有化が求められる。共有化は、これまで築かれてきた豊かな実践の有効活用を可能にするとともに、担任など一部の教師に集中しがちな負担軽減の意味がある。教育委員会の中には、在日外国人教育方針・指針を出すだけでなく、「授業改善支援センター」を設置し、多文化共生・国際理解に関係する図書資料等を充実させ、各学校から提供された指導案を教科別、学年別に整理して開架しているところもある[29]。このような取り組みは、教師の立場に立った情報の共有化の好例といえるだろう。ペアレントクラシーの社会で、もし学校外の学びの機会が制限されるとすれば、学校での教育の質は、彼らの学力獲得にとって一層の意味と影響力を有することになる。その意味でも情報の共有化は推進される必要がある。

　本章の事例研究は、量的な調査ではなく、限られた調査対象者への聞き取りに基づいている。しかしながら、実際に外国人児童・生徒教育に携わっている教師や、当事者の語りを追うことで、実態の一つの側面を把握することができた。

　ペアレントクラシーへ転換した社会は、いわゆる上位層における競争のチャンスに格差を生じさせる[30]だけでなく、学力獲得の前提ともいえる、自己肯定感や自尊心までも喪失させかねないのである。一方「居場所」をはじめ、一定の条件が揃えば高い学力獲得の可能性もある。十分な保護を受けられない子どもの問題は、外国人児童・生徒以外にも広がっているとの指摘もある。労働環境の変化も、もはや外国人だけの問題ではない。重層的な不利を負う外国人児童・生徒が生きやすい社会を目指すことは、全ての子どもたちにとって豊かな社会を築くことになると思われる。

最後に本章のまとめとして、以上の事例研究3に基づき、「指導や教材のあり方」「居場所」「頑張る気持ちを支えたもの」に着目しながら、第2章で提示した仮説を検討するとともに、外国人児童・生徒の異文化適応と教師の働きかけとの関係について論じたい。

1．指導や教材のあり方

　日系人教師Aは、来日して間もないころ、漢字のテストの前に先生が問題をあらかじめ示してくれた。テストの時、その漢字が完全に書ければ丸をくれた。そのようなフォローがあった（A4）と述べている。
　このようなAの気持ちに寄り添う担任教師の「外国人児童・生徒への適切な関心」は、Aの学びへの意欲を喚起し、Aが日本の学校で調和していく過程を支援したと解釈ができる。

2．居　場　所

居場所に関しては、次のような発言に注目したい。
D1：「友人の意識の変容」は大事。《Y教諭》
D2：マイノリティの問題は、マジョリティの問題。《Y教諭》
D3：教室における国際理解教育や人権教育を推進し差別やいじめを許さない学級づくりを行う必要がある。《K教諭》
D5：居場所（受け入れられていると実感できる場、安心できる場）があることは大事。自分の場合は、教会や少年野球があった。《日系人教師A》
D6：ことばのサポート以前に、先ず居場所があるかどうかが大事だと思う。自分の場合は、はじめて通った、鹿児島の小さな小学校のアットホームな雰囲気がとてもよかった。《日系人教師B》

　これらの居場所をめぐるさまざまな発言からは、「日本人児童・生徒の自文化中心主義の是正」、彼らの立場を理解しようとする「文化を含めた人権への関心」という、教師の働きかけを読み取ることができる。例えば、D1、D2の発言は、外国人児童・生徒に向き合う教師として、Y教諭が日本人児童・生徒の自文化中心主義を是正していることを示唆している。D3の発言

からは、K教諭の文化を含めた人権への関心を読み取ることができる。そしてこれらの働きかけは、Y教諭やK教諭が接した日本人児童の意識に影響を与えた可能性がある。また、日系人教師A、B両名とも、相手の文化集団に受け入れられる安心感の重要性について指摘すると同時に、両名ともが教会や少年野球、あるいは鹿児島の小学校において「相手の文化集団に受け入れられている安心感」を得ていた様子が読み取れる（D5、D6）。この安心感は、「文化を含めた人権への関心」を前提として整えられるものと考えられる。

3．頑張る気持ちを支えたもの

「高校でトップをとれば、きっと大学へ行ける」中学時代の先生から言われたこの言葉がずっと心の中にあった。（支えだった）（E5）という日系人教師Aの発言からは、彼の担任であった教師が、「外国人児童・生徒への適切な関心」を有し、Aの気持ちに寄り添いながら励ました一言が、Aの学びへの意欲を引き出し支え続けたと考えられる。

事例研究3からは、外国人児童・生徒の割合が高い学校で実践を展開してきたY教諭やK教諭が、日本人児童・生徒の自文化中心主義を是正し、文化を含めた人権への関心を有していること、また、来日時日本語が決して上手に話せたわけではなかった日系人教師Aが、外国人児童・生徒への適切な関心を有する教師に出会い支えられたこと、さらに日系人教師A、B両名ともに文化を含めた人権への関心が認められる小学校や、教会などの人びとに恵まれて過ごしてきたことなどが読み取れる。

これらのことから、ペアレントクラシーの社会においても「外国人児童・生徒への適切な関心」「日本人児童・生徒の自文化中心主義の是正」「文化を含めた人権への関心」という教師の働きかけが、「学びへの意欲」「相手の文化集団に受け入れられている安心感」を通して、外国人児童・生徒の欲求を満足させながら異文化と調和する状態を導いていたと考えられる。

したがって事例研究3からは、外国人児童・生徒の異文化適応と教師の働きかけとの間に図5-1のような関係が示されたといえよう。

図 5-1 外国人児童・生徒の異文化適応と教師の働きかけ（事例研究 3）

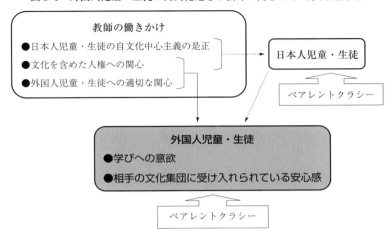

注

1 耳塚寛明「だれが学力を獲得するのか」耳塚寛明・牧野カツコ編著『学力とトランジッションの危機―閉ざされた大人への道』金子書房、2007、p.19。
2 耳塚、同上、pp.15-19。
3 林嵜和彦・若槻健「エスニシティ・階層と学力・進路選択―浜松市外国人中学生の進路意識調査より」『日本教育社会学会大会発表要旨集録』58号、日本教育社会学会、関口知子・宮本節子「姫路市小中学生の学習意欲格差―多文化教育のための予備研究」『姫路工業大学環境人間学部研究報告』6号、姫路工業大学環境人間学部、2004 など、保護者の社会・文化的状況に関心を向けたものもある。林嵜と若槻は、浜松市の外国人中学生を対象に、学力と進路希望の実態を明らかにし、それらを規定する要因を解明しようとした。その際、保護者の「文化階層」を3段階に分け分析を行っている。階層の影響が外国人では消えてしまうとし、文化階層が比較的高い家庭の子どもでも学力が低位にあるとしている。関口は姫路における小・中学生を対象に詳細なデータに基づき、4つの主なエスニシティに分類したうえで、学習時間や学習意欲などの分析を行っている。併せてニューカマーの在籍率を示したうえで、その学校全体における保護者の社会・文化的なデータ（学歴、有職か無職かなど）も収集しているが、保護者の社会・文化的要素と子どもの学力とを直接結びつけるデータは提示していない。しかし両論文は、生まれ育つ家庭の社会・経済・文化的な環境と学力とを関連づける議論の射程に、外国人児童・生徒を入れたといえる。また、残念ながら日本は調査対象国ではないが、OECD が2003 年に実施した PISA の結果に基づくテーマ別報告書『移民の子どもと学力』の中に、移民の子どもの学力と親の社会・経済・文化的背景との関係性についての記述がある。
4 関口・宮本、前掲書、p. 99。

5　清水義弘『教育社会学』東京大学出版会、1956、p. 158。
6　耳塚、前掲書、p. 21。
7　苅谷剛彦・志水宏吉編『学力の社会学』岩波書店、2004、鍋島祥郎『効果のある学校—学力不平等を乗り越える教育』解放出版社、2003、本田由紀『多元化する「能力」と日本社会—ハイパー・メリトクラシー化のなかで』NTT出版、2005など。
8　苅谷剛彦「『学力』の階層差は拡大したか」苅谷剛彦・志水宏吉編『学力の社会学』岩波書店、2004、p. 127。
9　ヤング, マイクル著、窪田鎮夫・山元卯一郎訳『メリトクラシー』至誠堂、1982、p. 16。
10　耳塚、前掲書、pp. 3-4。
11　耳塚、前掲書、p. 4。
12　本田、前掲書、p. 9。
13　ブラウン, P.「文化資本と社会的排除」ハルゼー, A. H.／ローダ, H.／ブラウン, P.／ウェルズ, A. S. 編著、住田正樹・秋永雄一・吉本圭一編訳『教育社会学—第三のソリューション』九州大学出版会、2005、p. 615。
14　ブラウン、同上、p. 616。
15　耳塚、前掲書、pp. 5-14。
16　文部科学省HPによれば、外国人児童・生徒が1から2名のみ在籍している学校が3993校と全体の64％を占める。4名在籍する学校数は、312校。一方で5名以上在籍する学校数は1381校と急に跳ね上がる。http://www.mext.go.jp/b_menu/houdou/21/07/__icsFiles/afieldfile/2009/07/03/1279262_1_1.pdf（2010年8月18日取得）
17　「外国人労働者の受入れを巡る考え方のとりまとめ」平成18年6月外国人労働者問題に関するプロジェクトチームより。http://www.mhlw.go.jp/houdou/2006/06/dl/h0622-2a.pdf（2010年9月20日取得）
18　一般社団法人日本経済団体連合会「外国人受け入れ問題に関する提言」の1.基本的考え方の部分から。http://www.keidanren.or.jp/japanese/policy/2004/029/honbun.html（2010年11月11日取得）
19　公益財団法人海外日系人協会HPより。http://www.jadesas.or.jp/whatsnew/bokininfo.html（2009年6月2日取得）
20　公益財団法人海外日系人協会発行「日系人ニュース（海外日系人相談センターNo.99）」より。
21　2009年3月9日付朝日新聞1面および3面。
22　2009年2月23日付朝日新聞「資本主義はどこへ」より（経済評論家　内橋克人）。
23　同教諭は、著書の中で教え子の次のような作文を紹介している。
　「はじめて日本にきたとき、ともだちにいじめられた。『かんこくじんばかやろう』ぼくはとてもいやた（だ）った。なんでそんなことをいうのか？わかりませんでした。—中略—いま、かんこくのともた（だ）ちいないからきびしいです」（善元幸夫「ニューカマーの子ども達が日本語で語り始めるとき—日本語国際学級で学ぶ自分と世界」秋田喜代美・石井順治編著『未来への学力と日本の教育④ことばの教育と学力』明石書店、2006、pp. 138-175）。

24　日系人教師 A の母親は、子どもであった教師 A と「うさぎ」という言葉から日本語を学び始め、何年もかかって日本の看護師の国家試験に合格している。
25　耳塚、前掲書、pp. 9-11。
26　清水睦美「ニューカマーの子どもの青年期―日本の学校と職場における困難さのいくつか」『教育学研究』73 巻 4 号、日本教育学会、2006、pp. 457-469。
27　善元、前掲書、pp. 151-152。
28　国際教室担当の教諭は、「国籍を基準に子どもの教育の機会に大きな制限を課そうとする法制度の現実」に立ち向かいながら、増加、多様化し続ける彼らへ対処し続けてきている、との指摘もある。つまり、「日本国籍を前提とする『帰国子女教室』の文脈と、日本国籍を持たないことを前提とする『一時滞在者との交流』の文脈の交錯点に産み落とされた困難」を、国際教室は必然的に背負っているのである。清水睦美・家上幸子・角替弘規・児島明「ニューカマー生徒の就学を支える諸要因―国際教室をめぐる資源の編み直しに注目して」『日本教育社会学会大会発表要旨録』60 号、日本教育社会学会、2008。
29　例えば横浜市教育委員会が 2005 年に開設した授業改善支援センター「ハマ・アップ」。
30　例えば橘木俊詔らは、親の所得、学歴、就業状態が義務教育期の子どもの学校選択に影響を与えると仮説を立て、教育支出に制約があるため、私立校の選択を断念する可能性について言及している。橘木俊詔・松浦司『学歴格差の経済学』勁草書房、2009。

終　章

本研究の意義と今後の課題

第 1 節　本研究から得られた知見

　本研究は、現在日本に暮らす外国人児童・生徒の抱える問題が深刻であり、彼らへの対応が重要な政策課題になっていることを踏まえ、外国人児童・生徒の異文化適応と教師の働きかけとの関係を明らかにすることにより、課題解決に向けた糸口を探ろうとしたものである。

　外国人児童・生徒の抱える課題はさまざまであるが、本研究では、多数の外国人児童・生徒が、「日本の学校」における適応について「葛藤」や「危機」の段階にある[1]という点に着目した。併せて、当事者である外国人児童・生徒自身の語りから、外国人児童・生徒の異文化適応において、教師の働きかけなどの外的要因関与の可能性が示唆されたことを受け、教師の働きかけが外国人児童・生徒の異文化適応を促進するのか否かを検討し、外国人児童・生徒の異文化適応と教師の働きかけとの関係がどのようになっているのかを明らかにすることを、本研究で解明しようとする中心的課題として位置づけた。

　第 1 章では、外国人児童・生徒自身の語りをもとに、外国人児童・生徒が何を必要としているかという視点から彼らの置かれた状況を明らかにすると同時に、日本における「マイノリティの教育権」にかかわる裁判の記録をもとに、外国人児童・生徒の状況を人権の視点から論究した。第 2 章においては、これまで外国人児童・生徒にかかわる教育政策でとられてきた形式的ともいえる平等重視と、彼らの文化の尊重について明確な記述がなされてこなかったあり方を、分配的正義の理論と公共性の理論を用いて検討した。併せて外国人児童・生徒の語りや人権の視点から読み取れる課題について検討し、

外国人児童・生徒の異文化適応を促進する教師の働きかけについて仮説を提示した。また、第3章から第5章にかけては、事例研究を示し、それらの事例研究を通して、外国人児童・生徒の異文化適応を促進する働きかけについて実証的な検討を行うとともに、外国人児童・生徒の異文化適応と教師の働きかけとの関係について論じた。

　以上の手順を通して、本研究で解明しようとした課題については、まず、教師の働きかけにより、外国人児童・生徒の異文化適応が促進されることが示されたといえる。そして「日本人児童・生徒の自文化中心主義の是正」「外国人児童・生徒への適切な関心」「ルーツについての学びの実施」、および「文化を含めた人権への関心」という4つの教師の働きかけが、直接、あるいは日本人児童・生徒や教師自身を媒介として、外国人児童・生徒の異文化適応を促進する可能性が示唆された。

　まず、序章において、日本における多数の外国人児童・生徒が、自国の文化的アイデンティティと特質も、自分とは異なる文化集団との関係も保持されていない「境界化（marginalization）」という状態にあるという佐藤の指摘について概要を示した。佐藤の指摘した外国人児童・生徒の異文化適応の状況は、現在においても継続しているものと考えられる[2]。

　これまでの外国人児童・生徒にかかわる教育施策は、形式的ともいえる平等重視の考え方がとられ、また、外国人児童・生徒の文化の尊重について明確な記述が見られなかった。外国人児童・生徒をありのままに受け入れるのではなく、彼らを適応指導の対象と捉えてきたのである。一方、渡日の子どもたちの作文を読んでいくと、差別を体験しながらも、外国人児童・生徒に寄り添い支援する教師や、沈んだ心を和ませ勇気づける友人たちの関与により、困難を乗り越えていく様子について書かれているものが認められ、外国人児童・生徒の「日本の学校」における適応において、教師の働きかけなどの外的要因関与の可能性が示唆された。

　その後、研究に先立ちこれまでの異文化適応にかかわる研究、外国人児童・生徒教育に関する研究、および外国人児童・生徒にかかわる教師教育に

関する研究がどのようになされてきたのかを概観し、検討を加えた。その結果、教師とのかかわりの中で、外国人児童・生徒の異文化適応が変化していくという視点を含んだ研究は見られなかった。同時に、教師の働きかけの重要性を認識し、異文化適応と教師の働きかけとの関係を踏まえたうえで、外国人児童・生徒が必要とするものを尊重する視点と、文化を含めた人権の両方の視点からのアプローチがなされることによって、外国人児童・生徒の適応状況が改善されることが期待された。さらに、本研究で援用する理論枠組みとして、文化変容を異文化接触の過程で生じるものとして捉え、最終段階である「適応」を、「統合」「離脱」「同化」「境界化」の4類型に分類できるとしたベリーらの文化変容にかかわる理論と、彼らの理論に依拠したうえで佐藤が整理した、外国人児童・生徒の「境界化」にかかわる要因を示した。

第1章では、外国人児童・生徒の状況を、外国人児童・生徒が何を必要としているかという視点と人権の視点から捉えることを試みた。具体的には、まず、排除の意識を感じている外国人児童・生徒の悩みを受け止めようという目的で実施されてきた事業である「ちがうことこそすばらしい！子ども作文コンクール」の104編の作文をもとに、彼らの置かれた状況を探った。その結果、外国人児童・生徒の多くが、彼らの国籍や言語、名前、あるいは育った環境、独自の食文化など、少数派である外国人児童・生徒の文化的背景がターゲットにされた被差別体験を有していること、および友だちの存在や対応、教師から向けられた関心と共感的理解などが、外国人児童・生徒にとって、苦難を乗り越える際支えになったことが明らかになった。

また、多数派の子どもたちによる自文化中心主義に基づく差別は、外国人児童・生徒に対し彼らの文化にかかわる、事実に反する、負のレッテルを付与し、結果として外国人児童・生徒の思考や行動にかかわる基盤ともいえる文化的アイデンティティを揺るがし、「境界化」の一因になると考えられた。同時にアイデンティティとは、他者との対話的な関係に依存し、重要な他者との接触の過程を通じて形作られる、可変性を有するものであることが示唆された。例えば、第2節では、差別をされる「しるし／理由」となり得た「文化の相違」（例えば韓国民謡や中国語）が、何かのきっかけで、評価や尊敬の「し

るし／理由」に転換されることで、価値あるアイデンティティが形成される可能性が示された。

　また、外国人児童・生徒を支え、勇気づける要素として、「道徳的想像力」に支えられた包摂、共感的理解、ルーツにかかわる学び、経験や思いを共有できる仲間、保護者の姿などが明らかになった。これらは、「自国の文化的アイデンティティと特質の保持」や、「日本の集団との関係性構築」に寄与し、異文化適応に効果的に働きかける要素と思われた。

　外国人児童・生徒が必要とするものに応えるためには、日本人児童・生徒の側も、自己の内に自文化中心主義がないかどうかを内省し他者の文化を承認すること、そして想像力を働かせて外国人児童・生徒の痛みを感じ取ることが重要である。そして、日本人児童・生徒が、自分自身が持つ自文化中心主義に気づき、改め、他者の文化を承認するということを、クラスでともに学ぶ外国人児童・生徒とのかかわりの中で経験することは、日本人児童・生徒にとって多文化社会に求められる市民性の獲得に繋がり、そのような市民性獲得に向けた実践的な学びの機会と捉えることができると思われた。

　また、外国人児童・生徒の状況を人権の視点から捉えるために、日本における「マイノリティの教育権」にかかわる裁判の記録を参考にした。この判例から、外国人児童・生徒の人権に対する意識・関心の希薄さの背景として、均質性の高い社会である日本においては、これまで少数者の文化とのせめぎ合いや軋みが可視化されることがなかった可能性が示唆された。

　第２章では、これまでとられてきた外国人児童・生徒にかかわる教育施策のあり方について検討した。分配的正義の理論を援用することで、これまで外国人児童・生徒教育においてとられてきた形式的ともいえる平等重視の考え方とは異なる、外国人児童・生徒の「必要性」に配慮するという新たな視角を得た。また、公共性の理論からは、外国人児童・生徒教育の文化を尊重する妥当性が示唆された。その後、外国人児童・生徒の語りや権利の視点から「文化を標的にした差別／友だちの存在や対応」「教師から向けられた関心と共感的理解」「ルーツについての学び」「人権の視点から読み取れる課題」という４つの課題を導き、それぞれの課題に関連する概念や理論を提示

しながら検討を加えた。そして、このような検討を通して、外国人児童・生徒の異文化適応を促進する教師の働きかけについて「日本人児童・生徒の自文化中心主義の是正」「外国人児童・生徒への適切な関心」「ルーツについての学びの実施」「文化を含めた人権への関心」の4つが仮説として導かれた。

　均質性が高い社会である日本で生まれ育った日本人児童・生徒は、自分たちの文化がターゲットにされた被差別経験が少ないといえる。日本人児童・生徒の意図的、無意図的な「同化圧力」が、外国人児童・生徒の「境界化」の要因であることから考えても、教師は、日本人児童・生徒に「反転可能性」の吟味を意識させながら、相手の立場を想像する力を養いつつ、日本人児童・生徒の自文化中心主義を意識的に是正する必要がある。そして教師が、日本人児童・生徒の自文化中心主義を是正するという働きかけをすることで、日本人児童・生徒の「同化圧力」を抑制し、外国人児童・生徒の適応状況の改善が期待されると考えられた。

　また、「境界化」の要因となる、教師の持つ「異文化性」の捉え方とは、自文化中心主義に捕われた「異文化性」の捉え方と解釈でき、教師は外国人児童・生徒に適切な関心を向けることによって外国人児童・生徒の異文化適応を促進することが示唆された。そして、教師が、ルーツについての学びを実施することで、外国人児童・生徒の異文化適応がさまざまな角度から改善される可能性が示された。さらに、教師が外国人児童・生徒の人権に関心を向けることは、社会の外国人児童・生徒への抑圧に加担することなく、彼らの立場を理解することに繋がり、結果として外国人児童・生徒の「境界化」の状態を改善に導くものと思われた。

　第3章から第5章までは、外国人児童・生徒の異文化適応にかかわる事例研究を示した。第3章は、タイからの児童（Kさん）を受け入れていたフィールドにおける事例研究である。この事例研究1においては、Kさんを受け入れた小学校のT教諭が、Kさんの異文化適応を支援し、同時に日本人児童に対しても国際理解教育にかかわる変容を促す働きかけを行っていた。T教諭は、個々の有する文化的背景にかかわらず、「できることを、できる人がやる」「素直な心で考える」「（自分で）判断する」といった、自ら考えて行

動することを促す日頃の指導を行っていた。また、文化的背景にかかわらず誰に対しても、困っている人がいれば行動する姿勢をクラス内の多くの生徒に培っていた。これらの働きかけは、「日本人児童の自文化中心主義の是正」に繋がるものと考えられた。そしてこの働きかけは、日本人児童を媒介としてKさんに「安心してサポートを受けられる環境」を整え「相手の文化集団に受け入れられている安心感」をもたらし、Kさんの欲求を満足させながら異文化と調和する状態を導いたと解釈された。

　また、T教諭には人種や民族を超え、一人の人間として生徒を尊重しようとする姿勢、あるいは公平の思想への高い意識が認められ、「文化を含めた人権への関心」を読み取ることができた。さらに授業における言語面での配慮、教室内にタイ語の辞典が3冊常備されていたことなどから考えても、T教諭は、「外国人児童・生徒への適切な関心」を有していると思われた。そして、これらの働きかけは、Kさんの「自国の文化的アイデンティティと特質の保持」に寄与し、「言語的不利益を軽減」することに繋がり、Kさんの欲求を満足させながら異文化と調和する状態を導いたものと考えられた。

　第4章は、南米からの生徒が学ぶフィールドにおける事例研究である。この事例研究2は、外国人生徒を多く擁するU中学校において、K教諭をはじめU中学校の教諭たちが、「ルーツについての学びを実施」し[3]、「文化を含めた人権への関心」を示しながら、外国人児童・生徒には、自身のルーツへの肯定的受容、日本人児童・生徒には、異なる文化的背景を有する人びとを受け入れ、尊重する意識への変容を導いた過程を追ったものである。

　また、「ルーツについての学びの実施」は、教師が外国人児童・生徒のルーツを敬意を持って受け止める契機ともなっていた。したがって、「文化を含めた人権への関心」と「ルーツについての学びの実施」という教師の働きかけは、直接外国人児童・生徒に影響を及ぼしただけでなく、日本人児童・生徒の、異なる文化的背景を有する人びとを受け入れ、尊重する意識への変容や、教師の外国人児童・生徒のルーツを敬意を持って受け止める姿勢獲得を媒介として、「自国の文化的アイデンティティと特質の保持」を通し、外国人児童・生徒の欲求を満足させながら異文化と調和する状態を導いたと考

えられた。

　第5章では、選抜の前提として親の富や願望がある社会である、ペアレントクラシーのもとでの教師の働きかけについて検討した。外国人児童・生徒の保護者の置かれた状況は厳しい側面があり、したがって外国人児童・生徒は、ペアレントクラシーに起因する不利を負いやすい存在と考えられた。一方で、外国人児童・生徒は、ペアレントクラシー下での親の富や願望の影響を受けながらも、一定の条件が整えられれば高い学力を獲得し得ることも示された。そして、その条件を整えるうえで、児童・生徒への励ましをはじめとする教師の働きかけが重要な意味を持つことが示唆された。

　この事例研究3からは、長く外国人児童・生徒教育に携わってきた経験を有する立場の教師たちが、「日本人児童・生徒の自文化中心主義の是正」に意識的であり、「文化を含めた人権への関心」を有していること、外国人児童として来日し、日本語習得などの努力を経て日本の教師となった日系人教師たちが、「外国人児童・生徒への適切な関心」を有する教師に出会ったこと、さらに「文化を含めた人権への関心」を有する学校や地域の人びとに恵まれて過ごしてきたことなどを読み取ることができた。これらのことから、「日本人児童・生徒の自文化中心主義の是正」と「文化を含めた人権への関心」という教師の働きかけが、日本人児童・生徒に影響を与えたことが示唆されたと同時に、「外国人児童・生徒への適切な関心」という教師の働きかけが「学びへの意欲」を引き出し、学校や地域の人びととの「文化を含めた人権への関心」が、「相手の文化集団に受け入れられている安心感」に寄与することを通して、外国人児童・生徒の欲求を満足させながら異文化と調和する状態に導いたと解釈された。

　以上3つの事例は、いずれも外国人児童・生徒が教師との相互的なプロセスを経て、自らの欲求を満足させながら異なる文化と調和する状態や過程を示しているといえる。そしてこれらの事例研究の実証的検討を通し、第2章において提示された、外国人児童・生徒の必要性と人権を基盤とした、「日本人児童・生徒の自文化中心主義の是正」「外国人児童・生徒への適切な関心」「ルーツについての学びの実施」「文化を含めた人権への関心」という、

教師の働きかけに関する仮説の有効性が示唆されたと考えられる。

　最後に、本研究で依拠したベリーらの理論枠組みについて考察したい。事例研究から導かれた外国人児童・生徒の異文化適応に関連する状態や過程には、ベリーらの外国人労働者を研究対象とした理論枠組みでは解釈しきれないものも認められた。例えば「言語的不利益の軽減」「学びへの意欲」は、ベリーらが提示した2つの核となる問いである「文化的アイデンティティと特質を保持することに価値があるとみなすか」「自分とは異なる文化集団との関係を保持することに価値があるとみなすか」との間に関連性が認められない。しかしながら学習面にかかわるこのような要素は、日本の学校において外国人児童・生徒が欲求を満足させるうえで重要なものであると考えられた。また、「相手の文化集団に受け入れられている安心感」とは、「自分とは異なる文化集団との関係を保持することに価値がある」と主体的にみなしているのではなく、受け身的な状態と解釈される。この受け身的な状態には、学童期という年齢の低さが影響していると考えられる。これらのことから、ベリーらの理論枠組みを外国人児童・生徒の異文化適応に適用するには、学習面など児童・生徒特有の欲求や満足に配慮することや、核となる問いの一つを「自分とは異なる文化集団との関係を保持することに価値があるとみなすか」から「相手の文化集団に受け入れられている安心感を持つことができるか」に修正することが必要であると考えられた。

第2節　異文化適応と教師の働きかけとの関係を明らかにすることの有効性

　本研究では、外国人児童・生徒の異文化適応を促進する教師の働きかけについて、「日本人児童・生徒の自文化中心主義の是正」「外国人児童・生徒への適切な関心」「ルーツについての学びの実施」および「文化を含めた人権への関心」との仮説を提示し、事例研究において、実証的な検討を行うとともに、外国人児童・生徒の異文化適応と、教師の働きかけとの間にどのような関係があるのかを示した。

まず、教師が日本人児童・生徒に対して自文化中心主義の是正という働きかけをした場合、日本人児童・生徒は既存の価値観やものの考え方が一部のグループの視点からのものであることに気づくことで、少数派である外国人児童・生徒への「同化圧力」や、文化の階層化に起因する無形の「同化圧力」の抑制が期待できる。そして、その結果外国人児童・生徒の「境界化」という状態が改善されることが期待される。事例研究においても、「日本人児童・生徒の自文化中心主義の是正」という教師の働きかけが、同化圧力を回避し親和的な人間関係を構築する日本人児童・生徒からの「外国人児童・生徒への働きかけ」を支援することや、日本人児童・生徒がKさんを承認することを媒介として外国人児童・生徒の異文化適応を促進したことが示唆された。

　次に、教師の外国人児童・生徒に向けられた適切な関心は、ロジャーズの言葉を借りれば「受け手にある種の人間らしさ、アイデンティティを提供する」ことに繋がる。教師の外国人児童・生徒への適切な関心は、疎外感を感じがちな外国人児童・生徒にとって意味のある承認にかかわるものである。そしてこのような教師の適切な関心は、外国人児童・生徒の「日本の集団との関係構築」に寄与し、異文化適応が促進されることが期待される。そして、事例研究においては、「外国人児童・生徒への適切な関心」は、外国人児童・生徒の安定した帰属感を導き、あるいは日系人教師Aを励まし、学びへの動機づけに繋げるなど、直接的に外国人児童・生徒の異文化適応を促進したことが示唆された。

　移民学習などルーツについての学びの実施については、外国人児童・生徒の自尊感情を高め、「外国人児童・生徒の自国の文化的アイデンティティと特質の保持」を支援するためにも、日本人児童・生徒が海外へ移り住むことそのものや、外国人として他の国で暮らすことに伴う大変さに対して共感的な理解を得るためにも効果が期待される。また、このようなルーツについての学びの実施は、教師にとっても外国人児童・生徒にかかわる知識獲得の機会となり得る。つまり、ルーツについての学びは、外国人児童・生徒のみならず、彼らにとってアイデンティティを形作るうえで重要な役割を果たす他

者（＝日本人児童・生徒や教師）の意識を変える可能性がある。したがって、移民学習などルーツについての学びは、当事者である外国人児童・生徒および、影響を与える他者の双方に働きかけ、外国人児童・生徒の異文化適応に優れた効果をもたらすことが期待される。そして、事例研究においても、「ルーツについての学びの実施」という教師の働きかけは、直接外国人児童・生徒の異文化適応促進において効果をもたらしただけでなく、日本人児童・生徒の、異なる文化的背景を有する人びとを受け入れ、尊重する意識の変容や、教師の外国人児童・生徒のルーツを敬意を持って受け止める姿勢獲得を媒介として外国人児童・生徒の異文化適応を促進したことが認められた。

最後に、教師が文化を含めた人権への関心を持つことについては、社会の外国人児童・生徒への抑圧に加担することなく、彼らの立場を理解することに繋がると考えられる。フレイレ（Freire, P.）は『挑戦する教師たちへ』(1998)の中で、「教科をきちんと指導することはいうまでもないが、教師というわれわれの仕事は、社会的不正義を克服するための参加と献身を求められるものなのだ」と述べている[4]。さまざまな文化的背景を有する外国人児童・生徒が教室でともに学んでいる現状において、教師が、文化を含めた人権への関心を持つことで、外国人児童・生徒が抱える人権にかかわる課題に気づくことが期待される。

事例研究においても、「文化を含めた人権への関心」という教師の働きかけが、直接外国人児童・生徒の安定した帰属感を導き、あるいは日本人児童・生徒の異なる文化的背景を有する人びとを受け入れ、尊重する意識の変容を媒介として、外国人児童・生徒の異文化適応を促進することが示唆された。

このように、具体的な事例の中で、外国人児童・生徒の変容と、教師の働きかけとの関係がどのようになっているかを示すことによって、異文化適応においていかなる教師の働きかけが効果的か、その一端を明らかにできた。次の段階として、本研究で得られた知見の現場への活用可能性を検討することが、重要であると思われる。

教師は、教室内にいる外国人児童・生徒に寄り添うことができる。思いに耳を傾け、受け止めることができる。そして、「葛藤」や「危機」の要因を見極め、言語的不利益に起因するものであればその対策を検討し、日本人児童・生徒の自文化中心主義に起因するものだと判断されれば、是正のために日本人児童・生徒に働きかけることができる。反転可能性の視点を活かし、外国人児童・生徒の文化を尊重することの妥当性に気づかせる取り組みも可能だろう。また、機会を捉えて、国境を移動する人たちの努力や貢献について語ることもできるのである。

第3節　本研究の意義

　多くの外国人児童・生徒が「境界化」の状態にあるとの指摘[5]がなされてから20年近くが経過しているが、現在もなお学校における外国人児童・生徒の異文化適応の問題は深刻である。

　このような現状において、外国人児童・生徒の異文化適応における、教師の働きかけなどの外的要因関与の可能性を見いだし、事例研究を踏まえながら、教師の働きかけが外国人児童・生徒の異文化適応を促進し得ることを明らかにし、異文化適応と教師の働きかけとの関係について示した本研究の意義は大きく2つあると考えられる。

1．外国人児童・生徒の異文化適応における
　　教師の働きかけにかかわる理論的基盤

　全国に外国人児童・生徒は7万名以上在籍しているといわれるが、本研究は彼らの異文化適応における教師の働きかけについて理論的基盤を提供している。先行研究の検討からは、無意識のうちに、「日本人」を前提として構成される学校文化の維持と存続を可能とし、外国人児童・生徒の「境界化」に間接的に加担している教師、思いもよらない形で「同化圧力」を加える教師の存在が明らかになった。また、「日本の学校的な規範や秩序、そして日本的な学習習慣・態度などを外国人児童・生徒に一方的に強要することは厳

に慎まなければならない」と指摘される現実も示されていた。

　背景には、「生まれ育った文化も母語も異なる子どもたちの課題に対応できる教員養成カリキュラムはほとんどない」「日本における教員養成大学・学部において多文化教育を含む国際理解教育に関する科目が十分に提供されていない」といった、必要な情報が教師に届けられていない状況がある。

　多くの外国人児童・生徒は、自分の意志とは無関係に彼らにとって異文化である日本で暮らし、「境界化」という状況にある。本研究が、彼らの異文化適応における教師の働きかけにかかわる理論的基盤を提供することで、間接的に外国人児童・生徒の異文化適応を促進することが期待される。

２．外国人児童・生徒の異文化適応を促進する
　　教師の働きかけと児童・生徒との関係

　誰もが差別を受けることなく、自分の文化が承認される社会が実現されなければならないといわれている。そのような社会の実現のためにも、そしてそのような社会の一員となるためにも、日本人児童・生徒が自身の内にある自文化中心主義について内省し、それに基づく差別をやめること、そして他者の文化を承認することは重要なことであり、それが多文化社会に求められる市民性獲得への一歩となる。

　本研究では、「日本人児童・生徒の自文化中心主義を是正する」という教師の働きかけが、同化圧力を回避し親和的な人間関係を構築する、日本人児童・生徒から「外国人児童・生徒への働きかけ」を支援することや、日本人児童・生徒がKさんを承認することを媒介として外国人児童・生徒の異文化適応を促進したことが示唆された。また、「文化を含めた人権への関心」と「ルーツについての学びの実施」という教師の働きかけは、日本人児童・生徒の、異なる文化的背景を有する人びとを受け入れ、尊重する意識への変容を媒介として外国人児童・生徒の異文化適応を促進したといえる。つまり、外国人児童・生徒の異文化適応を促進する教師の働きかけが、外国人児童・生徒のみならず、日本人児童・生徒を含めた全児童・生徒の変容へと繋がる可能性が提示された。このことは、外国人児童・生徒の異文化適応の問題が、

全ての児童・生徒の問題であることを示すものであり、外国人児童・生徒の対応に関連し、意義ある視点を提供したといえよう。

　外国人児童・生徒教育において、平衡、平等、必要の割合をどう定めていくのかという問いへの答えは、簡単に導き出せるものではないであろう。しかし、「民主主義においては、実は多数者のコンセンサスではなくて、むしろ不同意が重要」との指摘がある[6]。主流の構成員ではない、外国人児童・生徒の声は、拡散しやすく小さいが、彼らの不同意に目を向け彼らが何を必要としているのかについて考えていくことは重要である。そして、「自己の他者に対する要求が正当化可能であるかを反実仮想的に吟味・テストさせること」を通し、外国人児童・生徒の文化を含めた人権を尊重する意識を高めていかなければならない。「『問題の所在』を当該の子どもたちに求め、『問題の解消』をかれ・彼女らの『ガンバリ』に求める」[7]現状は、改められなければならない。本研究で提示された外国人児童・生徒の異文化適応における教師の働きかけにかかわる理論的基盤と、外国人児童・生徒の異文化適応を促進する教師の働きかけと全ての児童・生徒の変容との関係から、外国人児童・生徒が抱える課題解決において得られる示唆は少なくないと考えられる。

　例えば佐藤は、「教員の資質能力向上特別部会」による審議経過報告書をもとに、教員養成をめぐる提言を行う中で、修士レベルにおける外国人児童・生徒教育を念頭に置いた「専門免許状（仮称）」取得について言及している[8]。佐藤は、外国人児童・生徒教育では、異文化理解、第二言語習得、日本語指導と教科指導を統合したカリキュラムなど専門的な学習が不可欠であると指摘しており、このようなカリキュラム開発が今後の課題と考えられる。そして、本研究で得られた外国人児童・生徒の異文化適応における教師の働きかけにかかわる知見は、このような専門的な学習に活用できると思われる。

第4節　今後の課題

　本研究では、教師の働きかけが外国人児童・生徒の異文化適応を促進することを明らかにし、外国人児童・生徒の異文化適応と教師の働きかけとの関係がどのようになっているかを示した。インタビューなどの手法を用いて、外国人児童・生徒の異文化適応と教師の働きかけとの関係にかかわるモデルを確認したが、今後の研究課題として、大規模なアンケート調査等も含め計量的な分析を行い、量的な研究で一般化を図ることが重要であると考える。

　また、本研究で提示された理論的基盤、および教師の働きかけと全ての児童・生徒の変容との関係については、伝達され共有化されることで、外国人児童・生徒の学びの環境を整備することに貢献することが期待される。例えば教員研修やワークショップなどの機会を通じて、知見の伝達は可能である[9]。民族であれ、文化、思想であれ、自身と異なるものを認め、受容しようとする姿勢を培うことは重要である。しかし経験からすでにわかっているように、異なる文化との接触機会を単純に増やすだけでは、差別や偏見の危機に対処することは難しい。この姿勢は意識的に学び取るものであり、必要な情報が提供されることが求められる。本研究で示された知見を、外国人児童・生徒教育にかかわる教師に届ける仕組みの提案も、今後の課題であると考えている。

注
1　佐藤郡衛「在日外国人児童・生徒の異文化適応とその教育」江淵一公編著『トランスカルチュラリズムの研究』明石書店、1998、pp. 482-484。
2　竹ノ下弘久「『不登校』『不就学』をめぐる意味世界」宮島喬・太田晴雄編『外国人の子どもと日本の教育―不就学問題と多文化共生の課題』東京大学出版会、2005より。
3　U中学校のように25時間をかけて丁寧に学習を進められる学校ばかりではないと考えられる。例えば、海外移住資料館では学年別の指導案を含む教育関係者向けの「学習活動の手引き」、移民かるたや紙芝居などの教材をはじめ、移住者の農作業着などのハンズ・オン教材と指導者向けの解説書であるトピックシートを含むトランク教材も作成されている。教師の負担にならずに、ルーツについての学びが実施可能である。詳しく

は、福山文子「博物館活用に求められる『教師力』―『構成的な学び』の視点から」『社会科教育研究』110号、日本社会科教育学会、2010、pp. 95-106。
4 シカゴにある社会正義の実現に向け活動している教育者の組織 Teachers for Social Justice in Chicago（TSJ）のHP http://www.teachersforjustice.org/2007/09/about-tsj.html に掲出されていた、フレイレの言葉より（2011年10月10日取得）。Brazilian educator, Paulo Freire, "Letters to Those Who Dare Teach"（1998）: "We are political militants because we are teachers. Our job is not exhausted in the teaching of math, geography, syntax, history. Our job implies that we teach these subjects with sobriety and competence, but it also requires our involvement in and dedication to overcoming social injustice."
5 佐藤、前掲書、pp. 482-484。
6 西山雄二・岩崎稔・本橋哲也「2008 困難な時代を乗り切るために」岩崎稔・本橋哲也編『21世紀を生き抜くためのブックガイド―新自由主義とナショナリズムに抗して』河出書房新社、2009、p. 236。
7 太田晴雄「日本的モノカルチュラリズムと学習困難」宮島喬・太田晴雄編『外国人の子どもと日本の教育―不就学問題と多文化共生の課題』東京大学出版会、2005、pp. 73-74。
8 佐藤郡衛「教員養成にかかわる3つの論点」『Synapse（シナプス）』7号、ジアース教育新社、2011、pp. 24-27。
9 例えば福山らは、神奈川県、山口県（ハワイへの移民が非常に多かった地域）の移民系博物館において移民をテーマにした3つの教員研修を行っている。知見伝達の仕組み作りに関しては、さまざまな可能性が考えられよう。詳しくは、福山文子「移民系博物館における教員研修のプログラム開発と評価」森茂岳雄・中山京子編著『日系移民学習の理論と実践』明石書店、2008、pp. 343-363。

あとがき

　本書は、お茶の水女子大学大学院人間文化創成科学研究科に提出した博士学位論文「外国人児童・生徒の異文化適応における教師の役割」（2012年9月）に一部修正を加え、2016（平成28）年度日本学術振興会科学研究費補助金（研究成果公開促進費／課題番号：16HP5205）の交付を受けて公刊するものである。

　本研究論文の執筆に当たっては、主たる指導教官である浜野隆先生に、構想の段階からさまざまな面でご指導を賜った。また、執筆の段階においても、論文の内容、形式、表記に至るまできめ細かいご指摘、ご助言を頂いた。そして、多大な時間を割いて論文を完成に導いて下さった。心より感謝申し上げたい。

　また、審査委員会の三輪建二先生、加賀美常美代先生、池田全之先生、冨士原紀絵先生には、それぞれの研究分野から貴重なご指摘、ご助言を頂いた。深く御礼を申し上げたい。

　さらに、森茂岳雄先生はじめ多文化教育研究会の先生方、嶺井正也先生はじめ教育政策研究会の先生方にも多くのご指導と励ましを頂いた。竹下護先生、金子正人先生はじめいちょう小学校の先生方、大久保小学校の善元幸夫先生、高井戸第四小学校の角田三佐穂先生、潮田中学校の加藤治先生、先生方のご実践からはたくさんの大切なことを学ばせて頂いた。心からの敬意と御礼を述べさせて頂きたい。そして快く調査に協力して下さった、日伯学園園長戸澤江梨香先生、保護者の方々、児童・生徒の皆さんにも大変お世話になった。皆様からご支援を賜ったことに、ここに改めて感謝申し上げたい。

　お名前を挙げた方々のほかにも、授業観察を許可して下さった校長先生や、インタビュー対象者との間を取り持って下さった方をはじめ、お力添えを下さった方々、行き詰まった時に知恵を貸して下さった方々、折に触れ励まして下さった方々など、たくさんの方に助けて頂いた。皆様から頂いたご厚意に、深く感謝の意を表したい。

　さらに、本書の公刊を快く引き受けて下さった八千代出版の森口恵美子社

あとがき

　長、膨大な編集作業を丁寧に進めて下さると同時に、幾度となく的確なご助言を下さった編集部の井上貴文様に、心から感謝申し上げたい。
　最後に、長く育ててくれた両親、鈴木壽・恵子、私の博士課程での学びを理解し励まし続けてくれた夫、福山宏、3人の子どもたち、瑛子、鴻、駿に感謝を捧げたい。

2016年11月30日

　　　　　　　　　　　　　　　　　　　　　　　　　　　福山　文子

AACTE による多文化教師教育のための指針

1-0 教師教育プログラムの管理： 教師教育プログラム内の全ての管理政策、手続き、実践は、多文化的教授および学習を支える環境を反映したものでなければならない。

2-0 教員養成プログラムのカリキュラム： 教員養成プログラムのカリキュラムは、学生たちがその民族的な背景、性別、年齢、社会経済的レベル、または特異能力にかかわらず全ての学生たちと効果的に学び、また多文化的な視点から教えることができるようにするものでなければならない。

2-1 多文化教育を反映するカリキュラムの設計指針： 多文化的な内容や経験が教員養成プログラムのカリキュラムの中に統合されていなければならない。

2-2 教員養成教育カリキュラムのための一般科目の構成要素： 一般科目の構成要素は、学生に文化的多様性についての知識基盤、すなわち文化的多様性がいかに歴史的および現代的視点からわれわれの社会との間で影響を与え合ってきたかについての知識基盤を発達させる機会を提供しなければならない。

2-3 教員養成カリキュラムのための専門教科の構成要素： 専門教科の構成要素は、学生が適切な教授方法や実際的な教室環境を展開するための文化的多様性の意味を理解することを助けるための経験を含まなければならない。

3-0 教師教育プログラムの教職員団指針： 教師教育のための教職員団は、多文化社会で効率的に働き得る教師を養成するのに十分な資質がなければならない。

3-1 教職員団の資質と有用性： 教師教育のための教職員団は、多文化教育に関する諸能力を持たなければならないし、場合によっては異なる文化的背景からの人を含まなければならない。

3-2 学校にかかわる教職員団： 多文化教育の視点で専門的な知識や技能を持った教職員は、その機関で役に立つ領域において学校のための資源として勤務しなければならない。

3-3 教職員開発のための諸条件： 各機関は、多文化教育における改革を進め、調査し、実行するように教職員を促進しなければならない。

3-4 非常勤教職員団： 非常勤教職員団は、多文化的教授および学習のための環境を豊かにし、支える多文化的な経験と背景を持った人を含まなければならない。

4-0 教師教育プログラムにおける学生指針： 教師教育政策は、文化的に多様な学生の新規採用と確保、および文化的に多様な社会で働く学生の養成を促進するように立案されなければならない。

4-1 学生の資格認定： 教師教育のための資格認定基準は、文化的に多様な学生の人口を促進し、多文化教育のための知識基盤や技能と関係した基礎必修科目を設定しなければならない。

4-2 学生の確保指針： 学生の確保政策は、有能な教育者になるためにこのようなサービスを必要とする全ての学生に学問上の支援システムを提供しなければならない。

4-3 学生のための指導と助言： カウンセラーやアドバイザーは、学生を効果的に援助するために学生の文化的差異に敏感でなければならない。

5-0 教師教育プログラムのための施設・設備： 教師教育プログラムのための施設・設備は、アメリカ社会の文化的多様性の本質の理解と評価の進展を支えなければならない。

5-1 図書館と教材・教授メディアセンター： 図書館および教材・教授メディアセンターは、社会の文化的多様性を正確に反映している資料を所蔵しなければならない。

6-0 教師教育プログラム内部の評価、総括、計画： 教師教育の実施機関は、その多文化教育の趣旨を評価したり、改善したりするための継続した組織的な評価計画を持たなければならない。

6-1 卒業評価： 卒業評価は、教師教育プログラムにおいて多文化教育として提供された内容や経験の適正性を検討しなければならない。

6-2 プログラム改善のための評価結果の利用： 学生、教職員、指導教官、学校管理者によるプログラム評価の結果は、教師教育プログラムにおける多文化教育の趣旨を改善するために利用されなければならない。

6-3 長期計画： 教師教育の長期計画は、多文化的教授および学習を支える環境を反映したものでなければならない。

(Multicultural Teacher Education Guidelines for Implementation Volume IV published 1980 by American Association of Colleges for Teacher Education)

索　引

ア　行

浅野総一郎	140
アップワードバウンド計画	89
アマト（Amato, R.）	121
アリストクラシー	158
石川准	51
井上達夫	34，80
居場所	162，165，169，171
異文化間教育（Interkulturelle Erziehung）	92
異文化適応	6
移民学習	97，135
永住者	44
江淵一公	7，29
LEP（Limited English Proficiency）	120-1
エンパワメント	11
太田晴雄	3，11
オールドカマー	1
オバーグ（Oberg, K.）	7
オバンド（Ovando, C. J.）	121

カ　行

外国人児童・生徒教育	9
外国人の子どもの教育環境意識調査	32，46
加賀美常美代	8，17
各州文部大臣会議（KMK：Kultusministerkonferenz）	92
学校における異文化間教育	92
学校文化	12，16
ガットマン（Gutmann, A.）	99，103
嘉手納町	145
カルチャーショック	7
川上郁雄	iv

キーバス（Cuevas, G. J.）	121
北村晴朗	6
キムリッカ（Kymlicka, W.）	64
教員の資質能力向上特別部会	189
境界化（marginalization）	1-2，179
共感的理解	83，180
教師教育	21
強制連行	140
経済機会法（Economic Opportunity Act）	89
研修・技能実習制度	160
憲法第14条	66
憲法第26条	66
公共性	80，177
衡平原則（equity principle）	34，79
コールマン・レポート	89
国際協力事業団	149
国際人権A規約	67
国際人権規約	65
国際人権B規約	67
国際理解教育	109
児島明	11
小林哲也	8，13
小林直樹	66
ゴルニック（Gollnick, D. M.）	87，120

サ　行

齋藤ひろみ	iv
在留外国人数	43
佐久間孝正	17
佐藤郡衛	iv，1，10，19，30，118
サムナー（Sumner, W. G.）	87
シーガル（Segall, M. H.）	29
自己肯定感	150
児童の権利条約	67

196

自文化中心主義（エスノセントリズム：Ethnocentrism）	16, 87-8	『ちがうことこそすばらしい！子ども作文集　届け！私の思いⅡ』	46
志水宏吉	18	地球市民	24
清水睦美	18, 167	チン（Chinn, P. C.）	87, 120
JICA 横浜海外移住資料館	144	ツァイヒナー（Zeichner, K. M.）	95
JICA 横浜国際センター	137	テイラー（Taylor, C.）	50
社会権規約第 13 条	67	デール（Dale, T. C.）	121
ジャポネス・ガランチード（信頼できる日本人）	84, 149	適応	2, 179
		テクスト	33
自由権規約第 27 条	67	ドイッチ（Deutsch, M.）	34, 79
自由権規約の自律執行性	71	同化	2, 179
熟議	99	同化圧力	10, 18, 124, 136, 138, 181
自律執行力	69	統合	2, 179
人権教育	141	道徳的想像力	53, 64, 180
人種差別撤廃条約	68	特別永住者	44
ストプスキー（Stopski, F.）	88	『届け！私の思い〜「ニューカマー」の子どもたちの声〜』	46
関口知子	155		
全関西在日外国人教育ネットワーク	32	トライアンギュレーション	103
1965 年文部事務次官通達	3	トルドー（Trudeau, P. E.）	91
全米教員養成大学協会（AACTE：American Association of Colleges for Teacher Education）	24, 93-4		

タ　行

ナ　行

田渕五十生	26, 57, 62	中山京子	97, 147
多文化カリキュラム	16	新倉涼子	22
多文化教育	13-5, 87-8	日系人相談センター	160
——学校	14	日本的モノカルチュラリズム	11
——政策	14	ニューカマー	1
多文化教師教育	24, 93		

ハ　行

多文化教師教育の実施指針（多文化教師〔教育〕のための指針）	24-5, 93, 194-5	ハースコヴィッツ（Herskovits, M. J.）	28
		ハート（Hart, R. A.）	119
多文化主義（multiculturalism）	89	ハーバーマス（Habermas, J.）	63
多様性に応じる教師教育のための効果的な項目	95	排日移民法	140
		長谷部恭男	66
単一民族神話	72	バルース（Baruth, L. G.）	88
ちがうことこそすばらしい！子ども作文コンクール	32, 46	バンクス（Banks, C. A.）	121
		バンクス（Banks, J. A.）	16, 121
		半構造化面接	113, 136-7, 157
		反転可能性（reversibility）	34, 81, 181

被差別体験	48	満州事変	140
必要原則（need principle）	34, 79	耳塚寛明	158
ひとつのモデルでないアメリカ人（No One Model American）	25	宮島喬	11
		宮本節子	155
平等原則（equality principle）	34, 79	村田栄一	118
ブラウン（Brown, P.）	159	メリアム（Merriam, S. B.）	33
フリードマン（Friedman, Marilyn）	79	メリトクラシー	155
ブリズリン（Brislin, R. W.）	8	森茂岳雄	14, 16, 24, 97, 147
フレイレ（Freire, P.）	186		
文化高権	92	**ヤ　行**	
文化多元主義（cultural pluralism）	87, 89	ヤング（Young, M.）	158
文化的ショーヴィニズム	7	ヨコハマ遠足	136
文化の享有	67		
文化を標的にした差別	48	**ラ　行**	
分配的正義	177	ラカー（Laqueur, T. W.）	53
ペアレントクラシー	155, 183	リー（Lee, S. S.）	88
ヘッドスタート計画	89	リスガード（Lysgaard, S.）	7
ベネット（Bennett, C. I.）	120	離脱	2, 179
ベリー（Berry, J. W.）	1, 29–30	ルーツについての学び	55, 135
本質主義的文化認識	138	レーヴィ（Levi, P.）	60
		ロールズ（Rawls, J.）	78
マ　行		ロジャーズ（Rogers, C. R.）	54, 61, 185
マイノリティの教育権	68, 180		
松尾知明	14, 25	**ワ　行**	
松島恵介	33	渡辺文夫	7
マニング（Manning, M. L.）	88		

【著者紹介】

福山　文子（ふくやま　あやこ）

　1963 年　東京生まれ
　1985 年　お茶の水女子大学卒業
　　　　　その後、シュパイヤー行政大学院（ドイツ）、アイオナカレッジ大学院（アメリカ）において学ぶ
　　　　　修士（教育学：Master of Science in Education）
　2012 年　お茶の水女子大学大学院人間文化創成科学研究科博士後期課程修了
　　　　　博士（社会科学）
現在、お茶の水女子大学、中央大学、城西大学、文教大学において非常勤講師を務める

主要著書

『グローバル化と学校教育』（共著、八千代出版、2007 年）
『日系移民学習の理論と実践―グローバル教育と多文化教育をつなぐ』（共著、明石書店、2008 年）
『公教育における包摂と排除』（共著、八月書館、2008 年）
『公教育改革への提言』（共著、八月書館、2011 年）
『現代国際理解教育事典』（共著、明石書店、2012 年）
『市場化する学校』（共著、八月書館、2014 年）
『公平な社会を築く公教育論』（共著、八千代出版、2015 年）
『国際理解教育ハンドブック』（共著、明石書店、2015 年）
『公教育の市場化・産業化を超えて』（共著、八月書館、2016 年）

「移動する子どもたち」の異文化適応と教師の教育戦略

2016 年 12 月 22 日　第 1 版 1 刷発行

著　者――福山　文子
発行者――森口恵美子
印刷所――美研プリンティング（株）
製本所――渡邉製本（株）
発行所――八千代出版株式会社

〒101-0061　東京都千代田区三崎町 2-2-13
　TEL　03-3262-0420
　FAX　03-3237-0723
　振替　00190-4-168060

＊定価はカバーに表示してあります。
＊落丁・乱丁本はお取替えいたします。

© Ayako Fukuyama 2016　　ISBN 978-4-8429-1692-7